정치의 미래

그 이상향을 탐색하다

Exploring Utopian Future of Politics

by Inwon Choue, John M. Dunn, G. John Ikenberry

Published by Kyung Hee University Press

Address 1 Hoegi-dong Dongdaemun-gu, Seoul 130-701, Republic of Korea
Tel 82-2-961-0106/7
Fax 82-2-962-8840
Homepage http://www.khup.ac.kr
E-mail press@khu.ac.kr

First published 2008
Printed in Korea

ISBN 978-89-8222-347-1 03300

정치의 미래
그 이상향을 탐색하다

조인원, 존 던, 존 아이켄베리

경희대학교 미래문명원

목차

책을 펴내며

정치란 무엇인가

이 짧고 오래된 질문엔 인류의 '절망'과 '희망'의 메시지가 함께 담겨있다. 절망의 메시지는 인간의 탄생과 함께 출현한 정치의 기나긴 여정이 너무도 비극적이었다는 암울한 현실이다. 생존을 위한 치열한 삶의 투쟁, 권력을 둘러싼 계략과 술수, 대립과 패권의 피의 역사, 이 모두 격동과 파란의 인류 역사가 대변하는 정치의 자화상이다. 그러나 이러한 비극적 현실에도 불구하고 인류는 좀 더 나은 정치, 보다 나은 정치적 삶을 끊임없이 꿈꿔왔다. 인류사의 내면에 면면히 이어져온 그 꿈의 실현 가능성은 누구도 쉽게 속단할 수 없지만 언젠가 정치의 탈바꿈이 이뤄질 수 있다는 한 가닥 희망을 우리에게 선사한다. 다양한 삶을 표현하고, 공동의 가치와 덕목을 함께 일궈가는 미래정치는 욕망과 투쟁의 정치를 넘어서기 위해 결코 놓을 수 없는 우리 모두의 소망이다.

그러나 그러한 염원은 정치현실에 대한 오래된 '믿음의 역사' 속에 파묻혀 있었다. 현실의 벽이 너무도 높게 느껴지기에 희망정치의 가능성은 '현실의 피안' 혹은 '유토피아의 꿈'으로 인식돼왔다. "현실은 경험세계다. 정치의 경험세계는 희망을 차단하는 객관적 삶의 조건이고 벽이다"라고 현실주의는 전한다. 그리고 이 벽에는 인류의 기나긴 정치 여정과 함께해온 '생명에의 의지', '야생의 원리'가 묻혀있다. '치열한 생존을 위한 몸부림'과 같은 인류 진화의 현실이 뿌리 깊게 자리잡고 있다. 그러나 이러한 현실적 삶의 조건에도 불구하고 '현실의 벽' 논리가 온전히 객관타당한 것만은 아니다. 객관의 틀, 보편의 절대 속엔 항상 오류의 가능성이 숨겨져있다. 특히 인간의 '인간화 과정'을 위한 또 다른 진화의 몸부림엔 인간이 인간적일 수 있는 무한한 가능성이 존재한다.

20세기 현대과학의 태두 아인슈타인Albert Einstein은 객관에 내재된 편견의 위험성을 경고했다. 우리가 공유해온 주어진 현실은 관찰자의 '시각적 환영optical delusion' 혹은 편견에 밀착돼있다고 한다. 우리에겐 나름의 주어진 삶의 조건이 있다. 그 조건은 바로 내가 만난 사람, 내가 접한 지식, 내가 경험한 생활 궤적에 따라 단지 영향을 받을 뿐이다. 절대 객관을 부인할 수밖에 없는 이와 같은 '위대한 발견'은 사람의 문제, 정치의 문제에서 더욱 큰 의미를 지닌다. "견고한 모든 것은 언젠가 사라진다All that is solid melts into air"는 초현실적 명제처럼 정치현실에 내재한 사람의 영역, 의식의 영역, 해석의 영역은 자기조직auto-poesis과 만듦praxis의 무한한 가능성을 시원적으로 가리킨다. 카뮈Albert Camus가 오래 전 절규했던 또 다른 '인간 역사'의 반토막인 것이다.

객관적 경험세계에 내재된 이와 같은 인간적 국면은 현실주의의 편견을 넘어서는 삶의 무한한 가능성을 말해준다. 우리 모두에게 주어진 '부인할 수 있는 힘', '다르게 사유하고 행동할 수 있는 힘', '영혼의 미학에 빠져들 수 있는 힘'은 바로 변화와 창조의 원천이다. 혁신과 진보의 모체인 것이다. 거산巨山과 같이 우리를 짓누르는 현실과 객관의 무게는 그 중압감이 크게 느껴질 뿐이다. 새 역사의 이단異端과 대안의 실험을 원천 봉쇄하지는 못한다. 다름의 해석, 상상과 창의의 미학, 바로 이 부분이 살아 숨쉬는 한, 현실정치엔 항상 희망의 메시지가 담겨있다.

새 세기, 새 천년을 맞으며 지구상 모든 이들은 새 세상에 대한 희망과 염원을 마음에 품었다. '좀 더 나은 세상, 좀 더 나은 미래는 불가능한 것인가'. '만들어내야 하지 않을까'. 그러나 새 천년 벽두에 찾아온 일련의 비극적 현실은 우리 모두의 기대를 일시에 저버렸다. 세계를 경악과 공포의 심연으로 떨어뜨린 9.11 사태, 거대 강국 미국의 이라크 침공, 한반도를 둘러싼 핵의 위협, 세계 경제의 위기를 안고 있는 자유무역 질서의 교란. 20세기 불안과 위협을 빼닮은 이러한 잇단 위기 징후들은 또다시 '현실정치의 횡포tyranny of Real Politik'를 암시했다.

희망을 어디서 찾을 것인가. 희망정치의 연대와 결속은 또 다른 미래 현실, 경험세계로 자리매김할 수 없을 것인가. 살아 숨쉬는 정치의 본질과 인류의 끊임없는 창조에의 의지, 그리고 현실세계의 또 다른 해석을 지향하는 '정치 비전과 제휴'에 기대를 걸어본다.

이 대담은 바로 그러한 취지에서 비롯됐다. 취지에 공감해준 EBS 관계자, John M. Dunn 교수, G. John Ikenberry 교수께 다시 한번 감사의 마음을 전한다. '아름다운' 책, '읽기 쉬운' 책 출판을 위해 정성을 다해준 경희대 출판문화원 원장 유영학 교수와 관계자 분께도 깊이 감사드린다.

2008년 11월

조 인 원

참가자 프로필

조인원 박사

조인원 박사는 현재 경희대학교 미래문명원 명예원장 겸 동 대학 총장으로 재직 중이다. 미국 펜실베이니아대학교에서 정치학 박사학위를 취득했다.

학자 겸 실천가인 조 박사는 삶과 정치의 미학적 공간에 대한 사회담론과 실천방안을 모색해온 정치학자다. 이성과 감성, 제도와 인간, 현실과 낭만의 창조적 결합을 통해 현실정치Real Politik를 재구성하는 데 관심을 기울여왔다. 그의 대안 찾기는 '포월包越의 정치기획' 에 관한 담론을 근간으로 인간 중심의 미래사회를 모색하는 것으로 요약할 수 있다. '벗어나고 넘어서고 소통하는 변형인식' 과 '변화와 보편을 향한 창조의지' 의 재발견을 통해 이념적 대립과 투쟁으로 점철된 오늘의 정치현실을 극복하자는 것이 그의 생각이다.

이와 같은 조 박사의 정치관은 다양한 저서와 논문을 통해 전개됐다. 《국가와 선택》(1996), 《문명충돌 현장을 가다》(2004), 《탈20세기 대화록》(2006), 《포월의 초대 : 탈권위, 탈현대의 새로운 정치담론을 찾아서》(2006), 《인간, 시장, 정치》(근간) 등의 저서와 〈보편의 신화: 인과적 필연을 넘어서〉, 〈삶의 정치, 앎의 정치 : 시민사회의 선택〉, "Rehumanizing Dialectics", "Underneath Globalization: Lingering Life Politics and Its Future in Korea" 등의 논문이 있다.

실천가이기도 한 조인원 박사는 학계, 정부, 언론, 시민사회단체, 국제기구 등에 다양한 의제와 대안을 제시해왔다. 한국정치학회 이사 (2002), 대통령직 인수위원회 국정지표심의위원 (1997), '1999 서울 NGO 세계대회' 기획책임 (1997~98) 및 삼자공동추진위원회 한국대표 (1999), UN Millennium NGO Forum 운영위원 (1999), Global NGO Complex 건립기획위원장 (2000~), 국무총리 자문 시민사회발전위원회 위원 (2004~5) 등을 역임했다.

존 던John M.Dunn 박사

영국 케임브리지대학교 정치이론 교수이자, King's College 명예교수다. 존 던 박사는 존 로크 정치사상을 역사적 시각에서 조망한 연구성과로 학계의 주목을 받기 시작했다. 그 후 근대 정치이론의 재구성, 정치적 가치와 가능성에 대한 자유주의와 사회주의의 지적 취약점, 근대국가의 다양한 전개방식, 민주주의 발전과 그 함의 등에 관한 탁월한 연구성과를 내놓았다. 1990년대 이후에는 동아시아 정치와 정치사상에 관해서도 관심을 표명해왔다.

존 던 박사는 다양한 저서를 통해 정치이론 분야의 굵직한 주제를 다루며 학문적 성과를 쌓아왔다. 저서로는 *The Political Thought of John Locke* (1969), *Modern Revolutions* (1972), *Dependence and Opportunity* (1973), *Western Political Theory in the Face of the Future* (1979), *The Politics of Socialism* (1984), *Locke* (1984), *Rethinking Modern Political Theory* (1985), *Interpreting Political Responsibility* (1990), *The History of Political Theory* (1995), *The Cunning of Unreason* (2000), *Setting the People Free* (2005) 등이 있다.

현재 영국 학술원Council of British Academy 회원이며, 1994년부터 1997년까지 정치학 분과위원장을 역임했다. 1991년부터 미국 인문사회과학학술원American Academy of Arts and Sciences 명예회원으로 활동하고 있다.

존 아이켄베리 G.John Ikenberry 박사

존 아이켄베리 박사는 미국 프린스턴대학교 정치학과와 우드로 윌슨 국제관계대학원 Albert G. Milbank 석좌교수로 재직하고 있다. 미국 시카고대학교에서 정치학 박사학위를 취득했다.

존 아이켄베리 박사는 미국 부시 행정부가 주도했던 '신제국주의 전략'의 강경한 비판론자다. 그의 비판적 견해는 실용주의적 합리성에 바탕을 둔다. 미국이 국제 질서를 주도하는 초강대국이긴 하지만 제국주의 전략으로는 성공할 수 없기 때문에 부시 행정부의 정책에 반대한다는 것이 그의 주장이다.

존 아이켄베리 박사의 최근 저서 *After Victory: Institutions, Strategic Restraint, and the Rebuilding of Order after Major Wars* (2001, 《승리 이후》, 강승훈 역, 2008)는 2002년 슈뢰더-저비스상을 수상했다. 슈뢰더-저비스상은 미국정치학회가 주관하는 상으로 매년 역사 · 정치학 분야의 최우수 저작에 수여된다. 그 밖의 주요 저서로는 *Reasons of State: Oil Politics and the Capacities of American Government* (1988), *The State and American Foreign Economic Policy* (1988, M. Mastanduno 및 D. Lake와 공저), *The State* (1989, John A. Hall과 공저), *State Power and the World Markets* (2002), *Liberal Order and Imperial Ambition* (2006), *Liberal Leviathan* (근간) 등이 있다.

아이켄베리 박사는 1992년 Carnegie Commission on the Reorganization of Government for the Conduct of Foreign Policy (일명 홀브루크위원회)의 책임위원으로 활동했고, 2003~4년에는 미국 국무성 자문위원, 외교관계협의회Council on Foreign Relations의 Henry Kissinger-Lawrence Summers Commission on the Future of Transatlantic Relations 위원을 역임한 바 있다.

01

9.11 사태
국제사회의 미래를 묻다

조인원 안녕하십니까? 우리는 지금 새로운 시대, 21세기를 살고 있습니다. 여러분께서는 새 세기, 새 천년을 어떻게 맞이하셨습니까? 특히 국내외 정세 변화에 대해 어떤 기대를 갖고 계십니까? 많은 분들이 새 시대의 도래와 함께 뭔가 달라질 것이라는 기대를 하셨을 겁니다. 지구촌 온 나라 사람들도 그랬을 것입니다. 세계 도처에서 풍요롭고 평화로운 미래를 기원하며 새 천년의 도래를 축제 분위기에서 맞았던 것으로 기억됩니다. 자국과 인류의 공동 번영을 기원하는 밀레니엄 탑을 세우고 폭죽을 쏘아 올리며 환호와 갈채 속에 지구촌 마을이 새 천년 전야 축제를 함께했던 기억이 아직도 새롭습니다. 그러나 축제는 오래가지 않았습니다. 온 인류의 희망은 9.11 테러와 이라크 전쟁, 그리고 최근 북핵 사태와 같은 대형 사건으로 인해 일시에 사라졌습니다.

오늘 이 자리는 '이런 상황에서 과연 우리는 어디서 희망을 찾을 수 있는가, 또 보다 나은 미래를 위해 무엇을 어떻게 준비해야 하는가' 라는 주제를 다루고자 합니다. 정치이론과 민주주의를 연구하고 계시는 영국 케임브리지대학교 존 던 교수께서 나오셨습니다. 국제체제변동과 국가이성을 연구하시는 미국 프린스턴대학교 존 아이켄베리 교수도 자리를 함께 하셨습니다.

조인원 9.11 사태 당시 저는 뉴욕 맨해튼에 있었습니다. 우연찮게 세계무역센터 쌍둥이 빌딩이 처참하게 무너져 내리는 것을 목격했습니다. 제가 머물던 호텔에서 빤히 내다보였습니다. 그때 제 옆에서 그 광경을 함께 목격한 미국의 시민사회 지도자 한 분이 이런 말씀을 하시더군요. "변방으로 내몰린 사람들에 대한 깊은 성찰과 배려 없이 인류에게 희망은 없을 것 같습니다."

9.11은 신념과 신념, 문명과 문명 간의 극단적인 차이와 고질적 대립이 빚어낸 참으로 처참한 사건이었습니다. 지구촌에 만연된 불평등, 오만과 편견, 극단적 분노의 사회구조가 만들어낸 비극적인 사건이었습니다.

이 짧은 말이 시사해주는 것처럼 9.11은 신념과 신념, 문명과 문명 간의 극단적인 차이와 고질적 대립이 빚어낸 처참한 사건이었습니다. 지구촌에 만연된 불평등, 오만과 편견, 극단적 분노의 사회구조가 만들어낸 비극적인 사건이었습니다. 온 인류가 새 천년의 도래와 함께 새 희망을 말하던 바로 그 시점에 일어난 일이라 더욱 충격적이었습니다. 우리 모두가 바라던 공존의 틀, 평화의 틀이 하루아침에 산산조각 났구나 하는 느낌을 전 세계에 극적으로 전파했습니다.

〈테러리즘〉 테러로부터 안전한 장소는 더 이상 지구상에 없다.

새 천년 벽두에 일어난 이 엄청난 사건은 온 인류에게 큰 과제를 남기고 있습니다. 인류사나 문명사적인 측면에서 그렇고, 세계질서 변동 측면에서도 그렇습니다. 대규모 폭력 주체의 변화와 폭력 수단의 사유화도 매우 심각해 보입니다. 오늘 우리는 현재도 진행 중인 이 충격적인 사건과 함께 대화를 시작해볼까 합니다. 두 분께서는 새 세기와 관련해 9.11 사태가 주는 의미를 뭐라고 생각하십니까.

새로운 세기와 관련하여 9.11 사태가 주는 의미는 무엇인가?

존 던 네, 9월 11일에 발생한 사건은 9.11 사태 훨씬 이전부터 예견된 일이었다고 생각합니다. 또 국제사회의 현실을 그대로 드러낸 사건이었죠. 많은 사람들이 당시에는 인식하지 못했지만 조금만 주의 깊게 살펴보았다면 예측할 수 있었던 일입니다. 9.11 사태는 세계가 글로벌화되었다 해도 불평등한 조건 아래 공존해야 하는 사람들로 이루어진 공동체는 매우 취약하다는 사실을 여실히 보여주었습니다. 많은 사람들이 자신의 무력함에 대해, 정치에 대해 강한 분노를 느끼고 있습니다. 논리적으로 비약되거나 비이성적인 측면도 있지만, 사람들은 이 불평등한 조건에 대해 세계 최강국을 비난하고 있습니다. 저는 9.11 사태를 정치적 증오심의 표현이라고 생각합니다. 매우

> 9.11 사태의 정치적 의미는 사건의 잔학성 너머에 있습니다. 극심한 세계적 불평등이라는 거시적인 시각에서 보아야 합니다. 모든 국가가 보다 덜 파괴적이고 덜 위험한 방식으로 세계적 불평등 문제를 해결해가야 합니다.

확실하고 또 기발하게 정치적 증오를 표출한 사건입니다. 힘없는 집단이 강대국이 상상해온 것처럼 그렇게 힘없는 것은 아니라는 사실을 보여준 것이지요.

그래서 9.11 사태는 미래정치에 큰 의미를 갖고 있습니다. 사건 자체가 너무나 끔찍했다는 의미만은 아닙니다. 이 사태의 정치적인 의미는 사건의 잔학성 너머에 있습니다. 사건의 잔학성을 넘어서, 극심한 세계적 불평등이라는 거시적인 시각에서 볼 수 있어야 합니다. 현재 이 불평등은 앞으로도 지속될 것입니다. 모든 국가가 보다 덜 파괴적이고 덜 위험한 방식으로 이 문제를 해결해가는 것이 세계 정치의 주요 과제입니다.

존 아이켄베리 저는 9.11 사태가 단순한 폭력 행위가 아니라, 세계의 본질이 변화했다는 것을 알리는 신호탄이었다고 생각합니다. 어두운 대지에 내리친 번개와 같다고 할까요? 번개가 세상에 없는 광경을 보여주는 것은 아닙니다. 기왕에 있는 실상을 드러내는데, 한순간 번쩍하는 아주 극적인 방식으로 드러내는 것이지요. 미국인뿐만 아니라 전 세계 사람들이 이 사태에서 얻어야 할 의미는 두 가지입니다.

첫째, 지금까지 국제적 차원에서는 표출된 적이 없는 유형의 폭력을 자행하는 집단이 등장했다는 것입니다. 증오심으로 뭉친 이 민간인 집단은 안전지대라고 생각했던 지역까지 공격을 가할 수 있게 되었습니다. 9.11 사태는 21세기가 대항해야 할 새로운 유형의 위협, 전쟁의 민간화privatization of war를 보여주었습니다. 이 사건은 적어도 미국 내에서만이라도 세계 안보의 개념에 대해 다시 생각하는 계기가 되었습니다. 이제는 강대국보다 약소국이나 낙오국이 더 위협이 될 수 있습니다. 세계에 많은 기여를 한 과학 기술의 발전 덕에, 이제는 분노에 찬 집단들도 이전에 불가능했던 일을 할 수 있게 됐습니다.

9.11 사태는 21세기가 대항해야 할 새로운 유형의 위협, 전쟁의 민간화를 보여주었습니다. 과학 기술의 발전 덕에 이제는 분노에 찬 집단들도 이전에 불가능했던 일을 할 수 있게 됐습니다.

둘째는 9.11 사태에 대한 미국의 반응인데, 이것은 어떤 면에서 미국이 보여준 실제 행동보다 더 큰 의미를 갖는다고 봅니다. 힘의 본성, 세계 최강국의 본성이 여실히 드러났습니다. 미국은 알 카에다뿐만 아니라 이라크 전체를 공격했습니다. 자국에 대한 위협을 공격하는 새로운 전략을 구사하고 있습니다. 이 같은 미국의 대응방식은 국제기구의 권한과 기존의 공동대응 체

미국의 대응방식은 국제기구의 권한과 기존의 공동대응 체제에 위기를 초래했습니다. 이런 상황에서 과연 국제사회가 협력을 위한 공동의 의지를 발휘할 수 있을까요?

제에 위기를 초래했습니다. 한마디로 국제사회의 미래에 위기가 닥친 것입니다. 이런 상황에서 과연 국제사회가 협력을 위한 공동의 의지를 발휘할 수 있을까요? 각종 사회경제적 문제와 종교적 대립을 가져오는 위협에 대응하는 것은 물론, 이런 위협에 근본적으로 대처하는 공동의 의지를 모을 수 있을까요?

〈인도 뭄바이의 테러〉 2008년 11월 인도 뭄바이의 호텔에서 일어난 테러로 수많은 사람들이 목숨을 잃었다.

02

냉전의 마지막 단면 북한 핵

조인원 두 분께서 말씀하셨듯이, 9.11은 세계적인 불평등, 잠재된 경제사회적 불균형, 폭력의 잔혹성, 세계 최강국인 미국의 위기 대응 방식 등 여러 문제를 남긴 것 같습니다. 앞으로 풀어가야 할 지구적 차원의 문제가 그만큼 더 복잡해진 것입니다. 특히 그중에서도 갈등과 폭력을 접근할 때 우리 모두가 인정할 수 있는 문제의 해법, 혹은 갈등과 폭력에 대한 공동 대처 방법을 찾아가는 것이 시급해 보입니다.

이런 점에서 최근 이라크 사태와 북핵 문제가 주목 받고 있습니다. 세상에 충격을 줄 또 다른 화약고이기 때문입니다. 특히 20세기에서 21세기로 전환하면서 북핵 문제에 관한 갈등의 양상과 본질은 9.11이 그렇듯이 과거에 비해 큰 변화가 없어 보입니다. 크게 보면, 냉전 이후 국제질서의 변화와 함께 대규모 전쟁이 아직 발발하지 않고 있긴 합니다. 그러나 대립과 투쟁, 힘의 논리는 여전해 보입니다. 큰 변화가 없다는 말입니다. 두 분께서도 동의하시는지요.

20세기에서 21세기 패러다임으로 전환하면서 북핵 문제와 관련한 갈등의 양상도 달라지고 있는가?

존 던 저도 큰 변화가 없다고 봅니다. 특히 북핵 문제가 그렇습니다. 어떤 면에서 북핵 문제는 2차 세계대전 이후 이어진 한국의 역사라고 보아야 합니다. 이 문제는 미해결 상태로 남아있는 냉전의 마지막 단면입니다. 한국은 이 문제를 서서히, 그리고 어느 정도는 긍정적으로 풀어가자는 접근방식을 취하고 있는데, 저는 개인적으로 이 방식이 유지되기를 바랍니다. 그러나 이 접근방식은 문제 해결에 필요한, 구체적이고 확고한 전략을 가지고 있지 못했습니다. 한국의 대북 전략은 우호적인 분위기에 크게 의존해왔습니다. 그런데 이런 분위기가 지속되지 못했습니다. 이 같은 상황은 정치적 성향을 떠나서 한국에게 큰 재앙이었습니다. 현재 핵 위기와도 직접적으로 연결돼있습니다.

북핵 문제는 미해결 상태로 남아있는 냉전의 마지막 단면입니다. 국제관계가 강력한 연속성을 띠고 구성되는 것이라는 사실을 보여주는 사례지요. 9.11 사태와 달리 북한의 핵 위협은 세계화 논리의 근저에 자리한 문제라기보다, 한 국가의 고통스러운 역사에 국한된 문제입니다.

현 미국 대통령이 정권을 잡을 수 있었던 이유는 오늘날과 같은 위기 상황이 발발할 가능성이 급증

하리라는 것이 너무나 확실했기 때문입니다. 반면 북한이 군사적 위협 능력을 키우는 것에 대해 강경하고 단호한 대화로 저지하는 외교적 역량을 발휘하기란 거의 불가능하다고 본 것이지요. 이것은 근본적으로 부시 행정부가 취한 선택의 결과라 생각합니다. 물론 저의 생각은 부시 행정부의 견해와 사뭇 다를 수 있습니다. 부시 행정부는 자신들의 접근방식이 옳았다고 생각하니까요. 그러나 부시 행정부가 올바르다고 주장하는 접근방식과 현재 일어나고 있는 일들과의 연관성에 대해서 그들이 뭐라 말할지 궁금하군요. 제가 보기에 현재 일어나고 있는 일들은 부시 행정부의 접근방식에서 볼 때 이미 예견된 결과일 뿐입니다.

상황이 여기까지 이르게 된 이유에 대해서는 이해하기 어려운 부분이 있습니다만, 제가 볼 때 북핵 문제는 국제관계가 강력한 연속성을 띠고 구성되는 것이라는 사실을 보여주는 사례입니다. 새로운 문제가 아니지요. 북핵 문제는 9.11 사태에서 드러난 문제와는 근본적으로 다릅니다. 9.11은 당시 국제사회에서 사람들의 삶을 지배하는 논리의 기저에 뿌리 깊게 자리잡고 있던 문제가 드러난 것입니다. 반면 북한의 핵 위협은 세계화 논리의 근저에 자리한 문제라기보다, 한 국가의 매우 고통스러운 역사에 국한된 문제라고 생각합니다.

〈북한 영변 핵 시설의 위성사진〉 시 '진달래꽃' 의 영변은 이제 핵 시설로 뉴스에 오르내리고 있다.

북핵 개발 문제에 대해 어떤 해법이 가능한가?

조인원 아이켄베리 교수께서도 같은 생각이십니까. 북한의 핵 개발이 '국제관계의 강력한 연속성' 과 '전략적 문제' 의 연장선상에 서있다고 생각하시는지요. 특히 이 문제에 대해 어떤 해법이 있으신지요.

존 아이켄베리 저 역시 어떤 해법을 가지고 있지는 않습니다. 하지만 우리가 지금까지 별 효과 없는 전략들을 구사해왔다고 생각합니다. 북한은 생존의 길을 모색하는 고립 국가로, 현재 자신과 전혀 다른 방향으로 가고 있는 국제사회와 대립하고 있습니다. 세계 흐름에 뒤처진 스탈린주의 국가인 셈입니다. 지금 북한은 많은 면에서 어려움을 겪고 있지만 지도층은 체제를 유지하는 일에만 급급하고 있습니다. 핵무기로 전쟁을 억지하고 이를 통해 체제를 유지하려는 것이 평양의 안타까운 현실입니다. 북한이 핵 개발 계획을 철회하고 호혜적인 관계를 맺도록 하는 협상안, 다시 말해 북핵 문제에 대한 해법은 매우 어렵습니다.

북핵 문제를 해결하기 위해서는 '압박과 대화'를 적절하게 병행해야 합니다. 중국과 비슷하게 체제는 유지하되 변화할 수밖에 없도록 만드는 당근과 채찍의 이중 노선이 필요합니다.

하지만 저는 '압박과 대화 squeezing and talking'를 적절하게 병행하는 것이 하나의 해법이 될 수 있다고 생각합니다. 역내 국가들이 단합된 모습으로 다음과 같은 메시지를 명확하게 전달하는 것입니다. '북한이 국제사회를 무시한 채 핵무기를 개발하고 보유한다면 정상적인 관계는 불가능하다. 그러나 핵 프로그램을 포기한다면 체제를 유지할 수 있는 길, 발전의 길이 있다'는 메시지 말입니다.

중국과 비슷하게 체제는 유지하되 변화할 수밖에 없도록 만드는 당근과 채찍의 이중 노선이 필요합니다.

미국은 북한이 미국과 대화를, 그것도 굳이 직접 대화를 하고자 하는 이유가 무엇인지 알아야 합니다. 북한은 사용할 수 있는 카드가 단 한 장밖에 없기 때문에 미국과의 직접 대화를 요구하는 것입니다. 바로 핵무기 제거 결정이라는 카드지요. 북한은 이 마지막 카드를 던지기 전에 원하는 것을 모두 얻어야 합니다. 그래서 북한에게는 협상의 구조와 절차가 그토록 중요한 것입니다. 미국과의 직접 대화를 통해 체제 보장을 확보하는 것이 절실합니다. 미국은 북한과 대화하는 동시에 무역제재와 같은 압박을 적절히 구사해야 합니다.

햇볕정책, 올바른 해법인가?

조인원 북핵 문제와 연관된 또 다른 차원의 문제를 논의했으면 합니다. 북핵 문제가 발생한 후 한국 내에서는 정부가 견지하고 있는 '햇볕정책'에 대한 여론 대립이 심화되고 있습니다. 한편에서는 대북 포용정책의 실패를 주장합니다. 다른 한편에서는 남북 경협이 지속돼야 한다고 합니다. 남북 간 대화도 모색돼야 한다고 합니다. 이처럼 상반된 두 견해는 정치적 불안의 요인이 되고 있습니다. 물론 어느 사회나 의견 차이는 상존합니다. 하지만 문제의 심각성은 다른 곳에 있습니다. 북핵 문제가 첨예한 정치적 대립의 한복판에 위치하고 있습니다.

북핵 문제가 발생한 후 한국 내에서는 한국 정부가 견지하고 있는 '햇볕정책'에 대한 여론 대립이 심화되고 있습니다. 북핵 문제가 첨예한 정치적 대립의 한복판에 위치하면서 정치적 불안의 요인이 되고 있습니다.

여야 간 대립이 날로 첨예해집니다. 시민사회나 학계, 언론의 균열도 심각한 양상을 보입니다. 잠시 후 말씀드릴 기회가 있겠습니다만, 이러한 균열은 한국의 정치 발전을 가로막고 있습니다. 해방 전후 시작된 좌우, 보혁 논쟁이 날이 갈수록 치열해지고 있습니다. 그리고 이 이슈가 한반도 내부만의 문제가 아니라 주변 열강의 이해관계에 복잡하게 얽혀있다는 점에서 정치 균열 문제를 더 심각하게 만듭니다. 난마처럼 얽힌 이 문제, 어떻게 풀어야 할까요.

존 아이켄베리 이와 관련해서는 다른 사례를 통해 교훈을 얻을 수 있을 것 같습니다. 바로 구소련의 몰락과 리비아 사례입니다. 리비아 사례는 한 국가가 핵 프로그램을 포기하도록 하는 데 긍정적 인센티브와 부정적 인센티

〈대북지원 쌀 수송 작업〉 2005년 대북지원 쌀을 실은 트럭들이 동해선 도로를 통해 북한으로 들어가고 있다.

브를 동시에 어떻게 제공할 수 있는지를 보여줍니다. 우선 핵 프로그램 포기 없이는 다른 국가들과 관계 정상화가 불가능하다는 것을 분명히 해야 합니다. 동시에 당근도 제공해야 합니다. 그 나라가 핵을 포기해도 좋을만한 유인책을 제공하면서도 정권 교체는 추진하지 않겠다는 믿음을 줘야 합니다. 문제는 미국 행정부 일각에 이 문제에 대한 궁극적인 해결책은 정권 교체라고 보는 견해가 있다는 점입니다. 그러니 평양의 입장이라면 이런 게임에 말려들고 싶지 않겠지요. 북한에게는 핵무기가 생존의 열쇠인 셈입니다.

또 다른 사례인 구소련의 몰락은 견제와 대화가 여러 차원에서 요구된다는 것을 보여줍니다. 긴장 완화와 직접 대화, 둘 다 필요합니다. 북한과 직접 대화가 필요하고, 북한 입장에서는 미국이 바람직한 대화 상대라고 여기는 것이 중요합니다. 그 이유가 미국에 대한 존중 때문이든, 미국의 위상 때문이든, 뭐든 말이지요. 만약 해결책이 있다면 직접 대화가 해결책이 될 수 있습니다. 하지만 이 대화에는 반드시 당근과 채찍이 함께 포함돼야 합니다. 김정일 위원장을 불편하게 만들어야 합니다. 달러 위조나 마약 판매를 통해 호화 생활을 하도록 두어서는 안 됩니다. 김 위원장이 자신의 행동에 대한 대가를 치르게 하면서도, 동시에 빠져나갈 길을 보여줘야 합니다. 살아남기를 원한다면 이 길을 따라가야 한다는 메시지를 확실하게 알려줘야 한다는 것이지요. 핵 개발을 지속할 수는 있지만 그 길은 막다른 길이라는 사실을 명확하게 전달해야 합니다.

북한의 김정일 위원장이 자신의 행동에 대한 대가를 치르게 하면서도, 동시에 빠져나갈 길을 보여주어야 합니다. 살아남기를 원한다면 이 길을 따라가야 한다는 메시지를 확실하게 알려줘야 합니다.

03

여전한 20세기 패러다임 보혁 갈등

조인원 최근 한국사회에서 북핵 문제 못지않게 정치적으로 주목할만한 현상이 나타나고 있습니다. 앞서 말씀드렸듯이 이념적인 대립이나 갈등의 문제가 좌와 우, 보수와 진보로 양분되어 첨예한 양상을 보이고 있습니다. 사실 이 문제는 세계사적인 관점에선 아주 오래된 문제입니다. 좌우를 넘어, 보혁을 넘어 새로운 길, 창조적 정책 융합을 모색하는 것이 시대적 추세인 것 같습니다. 좌우, 보혁으로 나뉜 패러다임으로는 너무도 복잡해진 삶의 다양한 현안, 이를테면, 인권, 복지, 여성, 노약자, 건강, 동성애, 질병, 자원, 환경 등과 같은 문제를 포괄할 수 없기 때문입니다. 뚜렷한 정치적 '선 긋기'가 거의 불가능해 보입니다. 물론 전략적 차원에서 견강부회牽强附會의 정치 선동은 있겠지만 말입니다.

좌우와 보혁을 넘어 새로운 길, 창조적 정책 융합을 모색하는 것이 시대적 추세입니다. 좌우, 보혁으로 나뉜 패러다임으로는 너무도 복잡해진 삶의 다양한 현안들을 포괄할 수 없기 때문입니다.

이런 추세와 달리 한국정치는 이념적 대립과 갈등으로 균열이 심각합니다. 극단을 가고 있다고 해도 과언이 아닙니다. 20세기 패러다임에 갇힌 채, 문제의 해법을 못 찾고 있습니다. 양 진영으로 나뉜 채 '정답 정치', '파당 정치', '배제와 패권 정치'를 벌이고 있습니다. 안타까운 현실입니다. 물론 정치권에선 새 시대에는 시민사회의 대두와 함께 화합과 상생의 정치가 필요하다고 말합니다. 그러나 그것이 피부에 와닿지 않습니다. 다양성과 소통, 공동체적 가치가 새로운 시대의 덕목으로 떠오르고 있습니다. 그러면서 계층과 세대, 지역을 넘어선 수렴과 포용의 새 정치가 필요하다는 문제의식이 이곳저곳에서 일고 있습니다. 그러나 정치 현실은 이를 수용하지 못합니다. 패러다임 전환의 조짐이 안 보입니다. 있다 하더라도 결국 정치 전략이 아닌가 하는 의구심을 받고 있습니다. 안정적인 나라정치, 좀 더 나은 미래 정치를 열기 위해 무언가가 선행돼야 한다고 봅니다. 틀을 깰 수 있는 방법, 차이와 다양성의 미덕 그리고 공동의 가치를 살려낼 방법을 찾아야 할 것 같습니다.

정치적 사고의 경색, 어떻게 달라져야 하는가?

존 던 현재 전 세계적으로 정치적 사고의 경색화blockage of political

이제 더 이상 보수 진영이나 진보 진영을 정치적으로 명확하게 정의된 입장이라고 생각하는 것은 옳지 않습니다.

thinking가 존재하고 있다고 봅니다. 현대사회를 바라보는 두 가지 방식이 서로 대립하면서 나타난 현상입니다. 그러나 이제 더 이상 보수 진영이나 진보 진영을 정치적으로 명확하게 정의된 입장이라고 생각하는 것은 옳지 않습니다. 적어도 저의 나라, 영국에서는 그렇습니다.

보다 분명한 것은 경제 정책과 관련한 선택의 여지가 급격하게 좁아졌다는 것입니다. 경제 정책의 적절성 여부에 대한 논쟁이 진지하게 지속되는 경우도 거의 없다는 것입니다. 다시 말해 완전히 차별화된 경제 접근방식을 제시하는 명석하고 정치적으로도 설득력 있는 정치집단은 없어 보입니다. 정부의 경제 접근방식이 다른 정치 결정에 얼마나 영향을 주고 있는가 하는 점은 아직 모호하게 남아있습니다. 저는 정치적 결정이 경제 접근방식에 크게 제약받지 않는다고 확신합니다. 사회적 현안들에 대해서는 새로운 정책을 도입할 수 있는 여지가 많고, 또 새로운 정책들이 많이 도입되어야 합니다. 세계의 어떤 국가도 이제는 더 이상 모두가 전적으로 신봉하고 따르는 사회 모델을 가지기 어렵습니다. 보수 진영에서 성공적으로 국가를 통치하고 있다고 해서, 그들이 그 사회의 모든 제도가 제대로 운영되고 있다고 믿고 있는 것도 아닙니다. 할 수 있는 한 효율적으로 경제를 운영해야 할 책임을 강조하는 데 모든 관심을 집중하는 것뿐입니다.

〈프랑스의 연금개혁 반대 시위〉 프랑스 정부의 연금개혁안에 반대하며 시민들이 가두 시위를 진행하고 있다.

마찬가지로 진보 진영도, 진정한 의미의 진보라면, 경제를 효율적으로 운영하는 것을 반박하지는 않을 것입니다. 어떻게 하면 경제를 효율적으로 운영할 수 있을지 획기적이고 완전히 다른 아이디어를 많이 가지고 있는 것도 아닙니다. 진보 진영은 더 이상 경제 정책에 대해서 뚜렷이 차별화된 의견을 내지 않습니다. 다만 경제 운영 방식으로부터 나온 결과가 아무 공격도 받지 않고 그대로 받아들여져 사회의 전반적인 정치적 선택이 되는 것은 좋지 않다는, 꽤 합리적인 생각을 하고 있지요. 이런 관점에서 예전의 사회민 성공적인 자본주의 경제 체제에서 생산된 자원이 삶의 질 향상을 위해 얼마나 잘 사용될 것인지에 대한 문제가 여전히 현대의 정치 · 사회 활동에 있어 해결되지 않은 문제입니다. 진보라는 타이틀은 이 문제를 해결하는 데 얼마나 열정과 지성을 쏟고 있는가에 따라 결정되는 것입니다.

주주의 정치가 여전히 유효하다고 생각합니다. 성공적인 자본주의 경제 체제에서 생산된 자원과 이를 생산한 국민들 삶의 질적 향상을 위해 얼마나 잘 사용될 것인지에 대한 문제가 여전히 현대의 정치 · 사회 활동에 있어 해결되지 않은 문제입니다. 진보라는 타이틀은 이 문제를 해결하는 데 얼마나 열정과 지성을 쏟고 있는가에 따라 결정되는 것입니다.

일부 국가들이 현재 이러한 시도를 하고 있습니다. 어떤 면에서 지난 수년간 한국에서도 이런 시도가 있었습니다. 그러나 모두가 인정할 정도로 성공적이지는 못했습니다. 진보는 기존의 방식에 대한 도전, 엄청난 도전임에는 분명합니다. 우리가 지금 하고 있는 것 이상으로 잘하는 것은 불가능하다고 말하는 사람을 너무 신뢰해서는 안 됩니다. 무슨 일이든 아주 다양한 방식으로 지금보다 훨씬 더 잘할 수 있습니다. 다만 어떤 방식을 선택할 것인가, 그것을 판단하는 것이 중요할 따름입니다.

04

FTA, 한미 양국의 미래를 위한 '끈'

조인원 조금 전 존 던 교수께서 지적하신 좌우 갈등 또는 보수와 진보의 대척점을 과연 어떤 정치적 대안이 넘어설 수 있겠는가 하는 것을 실험할 수 있는 사안 중 하나가 아마 한미 FTA 문제가 아닐까 합니다. 한미 양국에 국한된 문제이긴 하지만, 한쪽은 개방을 통해 좀 더 많은 경제적 이익을 얻을 수 있다는 입장입니다. 다른 한쪽은 FTA로 시장이 개방되면 한국 사회의 양극화가 더 심해지고 결국 산업 전반이 침체될 것이라는 입장입니다.

한미 FTA 문제도 좌우, 보혁 갈등의 중심에 있습니다. 성장과 분배, 자유와 평등에 관한 대립이 심해지면서 자본주의 체제의 기반이 흔들릴 수도, 한미 동맹의 관계가 불안정해질 수도 있습니다. 상생의 길이 필요합니다.

어느 사회나 이해관계의 대립은 정치적 갈등의 원인이 됩니다. 이는 자유민주주의 자본주의 체제하에서 어쩔 수 없는 일입니다. 그러나 극단적 대립과 갈등의 확산은 체제 불안을 심화시킵니다. 특히 이해 당사자가 계층적 기반 위에 서있고 반미와

친미가 정치화돼왔던 한국에서는 문제가 심각해 보입니다. 성장과 분배, 자유와 평등에 관한 대립이 심해지면서 자본주의 체제의 기반이 흔들릴 수 있습니다. 한미 동맹 관계도 매우 불안정해질 수 있습니다. 상생의 길이 모색돼야 할 것 같습니다.

한미 FTA, 시장 개방은 필수적인가?

존 아이켄베리　이 문제는 아주 중요한 문제입니다. 한국에서 이 문제에 대한 정치적 반응이 나뉘고 있습니다. 한국과 다른 맥락이지만 다른 여러 국가에서도 이런 현상이 나타나고 있습니다. 제가 드리고 싶은 말씀은 어느 한편만이 최상의 해결책은 아니라는 점입니다. 경제 통합과 경제사회적으로 보다 공평한 사회를 만들기 위한 사회 안전망을 구축하는 것, 이 두 가지 측면은 함께 이뤄져야 합니다.

경제 통합과, 경제사회적으로 보다 공평한 사회를 만들기 위한 사회 안전망을 구축하는 것, 이 두 가지 측면은 함께 이루어져야 합니다.

〈레바논의 스타벅스 카페〉 스타벅스 카페는 세계화 사회의 새로운 아이콘이 되고 있다.

시장 개방, 관세 인하, 각종 장벽을 줄이기 위한 무역 협상, 통화 태환성 창출, 국가 경제의 상호의존성, 성장 창출 등은 1940년대부터 나타난 전후戰後 시스템의 특징입니다. 역사상 가장 거대한 부의 성장은 바로 민주자본주의 국가들이 이 길에 전념하던 시기에 일어났습니다. 그러나 이들은 또한 복지국가를 지향했습니다. 시장이 등락을 반복하면서 겪게 되는 유동성, 불확실성, 불안정성을 완화할 수 있는 국내 제도를 마련하기 위해 힘썼습니다. 이 두 가지는 동시에 이뤄져야 합니다. 만약 정치적 선택을 통해 단순히 양자택일을 한다면, 경제 안정과 평등, 아니면 경제 통합 중에 한 가지를 강요한다면 별로 환영받지 못할 것입니다. 저 역시 이 두 문제가 함께 이뤄지는 길을 추구해야 한다고 생각합니다.

자유무역협정은 태평양 연안지역에서 정치적으로도 매우 중요합니다. 양국 사이를 이어주는 일종의 끈을 제공한다는 의미도 있지만, 양국의 무역이 급증하고 있는 현 시점에 한미 동맹을 쇄신하고 한미 관계를 미래에도 유지할 수 있는 기회를 제공한다는 면에서 중요합니다. 이 협정을 통해 양국이 아시아나 북미의 범위를 벗어나 다국간 상호 자유 무역주의를 이끌어가야 합니다.

자유무역협정은 태평양 연안지역에서 정치적으로도 중요합니다. 양국 사이를 이어주는 일종의 끈을 제공한다는 의미도 있지만, 한미 동맹을 쇄신하고 한미 관계를 미래에도 유지할 수 있는 기회를 제공한다는 면에서 중요합니다.

05

조용한 정치 혁명이 시작되다

조인원 지금까지 국제사회 질서, 특히 9.11 사태에 대한 논의에 이어, 북핵 문제, 한미 FTA 문제 등 국내외 정치 상황에서 쟁점이 되는 주제에 관해 이야기를 나눴습니다. 이번 대담의 가장 핵심적인 질문은 '과거의 패러다임으로 미래정치를 전망할 수 있는가' 입니다. 이 문제는 정치에 관한 근본적 질문에 연결됩니다. 그래서 구체적인 논의에 들어가기에 앞서 정치를 어떻게 바라봐야 하는지 짚어보고자 합니다. 정치나 정치적 패러다임은 과연 시간의 흐름 속에서 변화하는 것인지, 정치의 본질을 어떻게 이해해야 하는지 알아보고자 합니다. 또 이러한 기본적 이해가 우리가 다뤘던 구체적인 정치 현안들과 어떻게 연관되는지 함께 논의해보고자 합니다. 우리가 미래에 좀 더 나은 정치를 원한다면 그것이 무엇이고, 또 어떻게 만들어갈 것인지가 매우 중요해지기 때문입니다.

이번 대담의 가장 핵심적인 질문은 '과거의 패러다임으로 미래정치를 전망할 수 있는가' 입니다. 이 문제는 정치에 관한 근본적 질문에 연결됩니다.

저는 개인적으로 정치가 '불변의 무엇' 혹은 '인간 본성의 거울'이라는 입장은 문제가 있다고 봅니다. '고정된 무엇', '애초에 그런 무엇'이라는 시각의 출발점은 결국 결정론과 논리적 근본주의를 불러오기 때문입니다. 변화와 불변은 동전의 양면입니다. 고정된 본성 또한 고정적인 것이 무엇인지를 밝히지 않으면 사상누각과 같은 시각이 되고 맙니다. 그러나 '불변'이나 '고정'은 그 누구도 알 수 없는 세계입니다. '불변'과 '고정' 혹은 '본성'은 불확정적인 인간세계, 미지의 자연세계에 대한 우리들의 환영幻影입니다. 이 세계는 결코 우리가 범접할 수 없는 세계입니다. '신의 세계'로 볼 수 있습니다.

정치란 '불변의 무엇' 혹은 '인간 본성의 거울'이라는 입장은 문제가 있습니다. 결정론과 논리적 근본주의를 불러오기 때문입니다. 그러나 다른 각도에서 보면 정치에는 분명 상당한 연속성이 존재합니다.

그러나 이와는 조금 다른 각도에서 생각할 수도 있을 것입니다. 인간사와 자연사의 진화를 반추할 때 상당한 영속성을 지니는 현상도 있기 때문입니다. 정치는 늘 인간의 역사와 함께해왔습니다. 역사 속에는 인간의 '인간적인 욕망' '힘에의 의지'가 있어왔습니다. 생존과 전환, 나아가 진보를 향한 '혁명에의 의지'도 항상 있어왔습니다. 연속성이 존재한다는 말입니다. 좀처럼 변하지 않는 무엇도 있을 수 있다는 말입니다.

〈화합의 장〉 독일 베를린의 브란덴부르크 문 앞에서 모두 함께 껴안는 퍼포먼스를 진행하고 있다.

이처럼 정치의 요체에 관한 논의는 매우 어려운 문제를 수반합니다. '모든 것의 역사theory of everything'가 밝혀질 때까진 그럴 것입니다. 아직은 불가해한 문제겠습니다만, 논의를 위해 잠정적인 답을 구해야 할 것 같습니다.

또 다른 차원에서 정치의 규범 문제도 중요합니다. 우리가 정치의 탈바꿈을 원한다면, 그것이 어떤 방향에서 전개돼야 할 것인가라는 문제입니다. 정치란 개인으로부터 출발해 공동체, 사회집단, 나라, 이웃 나라, 국제기구, 국제관계와 같은 광범위한 역사의 주체를 포함합니다. 이 모든 역사문명의 주체는 각기 다른 생각과 행동의 준거틀에 따라 움직입니다. 다양한 이해관계도 난마처럼 얽혀있습니다. 과연 무엇이 옳고, 무엇이 그른지, 또 무엇이 옳아야 하는지, 어려운 문제입니다.

'너와 내가 모두 만족하는' 변화의 방향을 설정하는 것은 불가능한 일일지 모릅니다. 방향 설정은 기본적으로 해석의 문제입니다. 해석의 문제는 거의 무한대에 가까운 기발한 상상력이 결부될 수 있습니다. 더욱이 현재도 아니고 미래사회의 정치규범, 그것도 모두가 원하는 규범을 다룬다는 것은 지난한 문제가 아닐 수 없습니다.

그러나 우리 인류에겐 우리 모두를 위한 공동의 선, 지선의 가치를 추구해야 할 역사적 소임이 있습니다. 인권 문제가 그렇고, 평화와 복리 문제가 그렇습니다. 질병과 건강 문제도 마찬가지입니다. 파괴되는 지구 환경과 생태를 지켜야 할 공동의 의무도 우리에게 있습니다. 규범 설

모두가 원하는 미래사회의 정치규범을 다룬다는 것은 어려운 일입니다. 그러나 인류에겐 우리 모두를 위한 공동의 선, 지선의 가치를 추구해야 할 역사적 소임이 있습니다. 어렵더라도 '희망 정치'에 관한 해법을 찾아가야 합니다.

정은 분명히 철학과 이론 문제입니다. 그렇지만 우리들의 생존 문제임과 동시에 공동 번영의 기틀을 만들어가는 문제이기도 합니다. 어렵더라도 지속적으로 모색해야 합니다. '희망 정치'에 관한 해법을 찾아가야 합니다. 정치의 본질과 좀 더 나은 세상을 위한 정치혁신의 전환적 기초를 설정해야 합니다.

정치는 변화하는 것인가?

존 던 어려운 문제인데 정치가 항상 변한다는 것은 사실입니다. 그러나 정치의 어떤 측면은 지속성이 매우 강합니다. 그래서 그 강력한 지속성이 어디서 비롯되고 변화의 여지는 어디에 있는지 알아내는 것이 중요합니다. 지속성은 정치란 결국 수많은 사람, 다양한 사회적 양식 간의 상호작용이라는 사실에서 나옵니다. 특정 시점에 사람들이 이해관계나 때로는 별난 신념으로 첨예하게 대립하는 입장에 서게 된다는 사실도 정치의 지속성을 말해줍니다. 그러나 보다 근본적으로, 모든 사람이 자신이 실제 행동하는 것보다 더 나은 행동을 할 수도 있다는 사실 때문에 정치가 계속되는 것입니다. 저는 인류가 최선의 행동을 할 때 정치의 미래가 밝을 것이라는 희망은 제대로 된 희망이 아니라고 생각합니다. 그건 인간은 사라지고, 단지 매력적인 아이디어가 인간을 대신하기를 원하는 것이니까요.

그러나 정치를 구성하는 중심 요소가 무엇인가에 대해 논의할 때는 유연함을 가질 수 있다고 봅니다. 사실 정치는 상당 부분 불건전합니다. 아주 퇴행적입니다. 사람들의 이해관계에서 보면 분명히 득보다 손해가 많습니다. 이런 손해는 계산착오에 따른 것이거나 규범 준수에 실패하면서 생기는 것입니다. 제가 보기에 정치를 올바로 이해하기 위해서는 두 가지 접근방식이 함께 이루어져야 합니다. 왜 지금과 같은 상황이 되었는가, 이 상황이 어떻게 발생했고, 또 유지되는 원인은 무엇인가를 지적 사고를 통해 이해해야 합니다. 그리고 인간은 실제로 자주적 행위자라는 인식을 열린 마음으로 받아들여야 합니다. 인간은 언제라도 자신의 행동을 급격하게 바꿀 수 있습니다. 자신들의 이익 때문인 경우가 대부분이지요. 이런 방식으로 정치를 본다면, 정치란 상상할 수 있는 모든 좋은 일들이 어느 날 한꺼번에 이루어지는 판타지 영화 같은 것이 아닙니다. 자신들이 상상하는 것 중에서 좀 미흡한 부분을 바꾸기 위해 사람들이 끊임없이 고군분투하는 상황으로 이해할 수 있습니다. 인간은 자기 성격에서 미흡한 점을 고치기 위해 계속 고군분투해야 하고, 이런 노력의 과정이 삶에서 아주 큰 부

정치란 상상할 수 있는 모든 좋은 일들이 어느 날 한꺼번에 이루어지는 판타지 영화 같은 것이 아닙니다. 정치란 자신들이 상상하는 것 중에서 좀 미흡한 부분을 바꾸기 위해 사람들이 끊임없이 고군분투하는 상황으로 이해해야 합니다.

분을 차지한다는 사실을 깨달아야 합니다.

〈희망을 향하여〉 거칠고 황량한 현실 속에서도 인간의 노력은 보다 나은 희망의 세계를 향해 나아간다.

인간의 희망은 항상 이 방향으로 향해있습니다. 이것이 바로 보다 나은 세계를 만들 수 있는 방법입니다. 또 오랫동안 실제로 보다 나은 세상이 만들어져온 방법이기도 합니다.

물론 세계에는 여전히 매우 나쁜 면도 존재합니다. 이중 일부는 새로 생겨나는 것들입니다. 이런 나쁜 것들이 미래에는 사라지리라 기대하는 것은 어리석은 생각입니다. 인류의 미래는 계속 인간의 미래고, 그렇기 때문에 최선을 이루려는 인류의 노력은 항상 필요합니다. 노력 없이 이루어지는 일은 결코 없습니다. 어떤 일을 해야 할지 확실하게 알 수 있는 경우도 없을 것입니다. 그러나 변치 않는 사실은 보다 지성적으로, 보다 섬세하게 일해 나가려고 노력할 때 보다 나은 사회를 만들 수 있다는 점입니다.

인류의 미래는 계속 인간의 미래고, 그렇기 때문에 최선의 것을 이루려는 인류의 노력은 항상 필요합니다. 노력 없이 이루어지는 일은 결코 없습니다.

현실정치, 어떻게 변화해야 하는가?

조인원 안타깝게도 현실정치에서는 '원인 분석을 통한 개선'이 너무 더딘 것 같습니다. 개선을 위한 인류의 고군분투가 질주하는 욕망, 삐뚤어진 신념 앞에서 너무도 초라해 보일 때가 많습니다. 앞서 논의한 9.11 사태가 대표적인 예인 것 같습니다. 빠른 속도로 파괴되고 있는 자연과 지구 환경도 또 다른 예일 겁니다. 점진적인 개선을 찾기엔 현대사회의 위험 요인이 너무도 크고 엄청난 것 같습니다. 살상무기의 정교함과 가공할 파괴력, 사유화 가능성은 과거의 전통적인 전쟁에 더해 또 다른 위협으로 자리잡고 있습니다. 끊임없는 소비 욕망과 급진하는 부 축적 경쟁도 환경 파괴, 자원 고갈, 지구 온난화와 같은 폐해를 남기고 있습니다.

점진적 개선, 어찌 보면 우리 인류 역사의 추세라 할 수 있습니다. 장구한 변화의 역사를 이끌어온 '유일한 희망' 이었다고도 할 수 있습니다. 하지만 현대사회의 특성상 신속하고 '과감한 혁명' 또한 시급히 요청되는 것이 사실입니다. 주어진 참담한 현실을 넘기 위해 '초현실적인 발상' 이 필요하지 않을까 하는 생각도 해봅니다. 그런데 현실이 따라주질 않는군요. '퇴행적인 정치', '불건전한 정치', '삐뚤어진 신념과 이해관계의 정치', 존 던 교수께서 말씀하셨듯이 정치의 전환을 가로막는 우리 인류의 자화상인 듯합니다. 아주 오래된 '고쳐야 할 불치병' 이지요.

현실정치에서 개선을 위한 인류의 고군분투는 질주하는 욕망, 삐뚤어진 신념 앞에 초라해 보일 때가 많습니다. 과연 정치에는 희망이 없는 것일까요? 좀 더 나은 삶을 위한 인류의 정치 혁명, 패러다임 혁명을 찾아나서는 것이 그 어느 때보다 중요해 보입니다.

과연 정치에는 희망이 없는 것일까요? 새로운 인간이 출현하기 전까진 '고군분투' 차원에서 만족해야 할까요? 전환의 희망정치, 혹은 좀 더 나은 삶을 위한 인류의 정치 혁명, 패러다임 혁명을 찾아나서는 것이 그 어느 때보다 중요해 보입니다.

존 아이켄베리 많은 면에서 정치는 절대 변하지 않습니다. 어떤 이들은 정치를 '편견의 동원mobilization of bias'이라고 정의합니다. 또 다른 사람은 '정치란 가치의 권위적 배분authoritative allocation of values'이라고 합니다. 정치는 사회를 어떻게 구성할 것인가를 선택하고 그 가치와 이상을 제도로 구현해내는 과정입니다. 이런 정치 과정은 다양한 맥락에서 인류사를 이끌어왔습니다. 투키디데스의 《펠로폰네소스 전쟁사》를 읽어보면 권력 투쟁, 위신의 중요성, 물질적 이익 등 예전부터 있어왔던 문제 중 일부는 아직도 해결되지 않은 채 남아있습니다. 인류의 상황이 어떤 면에서는 본질적으로 변하지 않았다는 것입니다. 물론 변한 것도 있습니다. 사람들이 가치를 배분하기 위해 투쟁하는 기능적인 상황은 달라졌습니다.

중요한 것이 또 있는데, 21세기는 정치를 달리 보이게 할 것이라는 점입니다. 기능적인 상황은 국제적 차원에서 변화하고 있습니다. 오랫동안 존재해온 현안, 이를테면 막강한 힘이 서로 대결하는 전쟁에서 나타나는 현실정치 문제real politik issues는 사라졌습니다. 강대국이 수백, 수천, 수백만의 병사를 국경으로 진군시키는 대규모 전쟁은 앞으로 일어나지 않을 겁니다. 대신 위험의 종류가 달라졌습니다. 국가 대 국가의 위협으로부터 인간 대 자연의 위협으로 변화한 것이지요.

〈지금 지구는〉 2008년 일본에서 열린 G8 정상회담 기간 중 설치된 디지털 지구본이 기후 변화, 인구 문제 등을 안고 있는 지구의 현재 모습을 보여주고 있다.

현재 우리는 전염병, 인구 증가, 환경 파괴, 지구 온난화, 경제적 불평등과 같은 문제를 우려하고 있습니다. 바로 이 같은 문제 때문에 사람들이 가치를 배분하는 노력에 변화가 일고 있습니다. 우리의 목적을 정의하는 방식,

어떤 삶이 좋은 삶이며, 어떻게 살아야 하는가에 대한 기준의 본질, 사람들에게 허용하는 권리가 논의되고 있습니다. 지난 60년 사이에 일어난 인류의 혁명은 외교 정책이나 사회 현안에 관한 담론의 내용을 변화시킨 조용한 세계정치의 혁명이었습니다. 이것이 기능적인 변화를 초래한 것입니다.

현재 우리는 전염병, 인구 증가, 환경 파괴, 지구 온난화, 경제적 불평등과 같은 문제를 우려하고 있습니다. 바로 이 같은 문제를 때문에 사람들이 가치를 배분하는 노력에 변화가 일고 있습니다.

우리에게 이득이 되는 것은 무엇인지, 우리에게 불안을 주는 것은 무엇인지, 우리의 염원은 무엇인지, 수용가능하고 합법적인 것이 무엇인지를 어떻게 판단해야 하는가 하는 질문들이 제기되고 있습니다. 이제 우리는 새로운 시대로 접어드는 변화의 시점에 와있습니다. 자연의 중요성이 점점 커지고 있습니다. 우리가 직면한 위협은 더 이상 군대 간의 대치 상황에서 오지 않습니다. 사회의 자연real material world 내 존재 방식이 크게 변화하면서 인간이 맞닥뜨리는 위협입니다.

우리는 새로운 시대로 접어드는 변화의 시점에 와있습니다. 자연의 중요성이 점점 커지고 있습니다. 우리가 직면한 위협은 사회의 자연 내 존재 방식이 크게 변화하면서 인간이 맞닥뜨리게 되는 위협입니다.

06

시민사회, 좀 더 나은 세상을 개척하는 원동력

조인원 잘 들었습니다. 시청자들의 입장에서는 토론 내용이 다소 전문적으로 비쳤을 것 같습니다. 정치의 가장 근본적인 면을 다루었기 때문에 이해하기 어려웠으리라 생각됩니다. 그러나 이렇게 본질적인 문제를 다루는 것은 우리가 좀 더 나은 사회로 나아가기 위해서 정치가 변해야 한다는 대전제가 있기 때문입니다. 국내정치도 국제정치도 마찬가지입니다.

이제 다른 틀로 넘어가보겠습니다. 미래정치를 이해하는 데에는 두 가지 차원의 질문이 가능합니다. 하나는 '정치란 무엇인가' 라는 문제입니다. 다른 하나는 '정치는 어떤 것이어야 하는가' 하는 문제입니다. 이 두 문제는 서로 밀접히 연관돼있습니다. 동전의 양면과도 같습니다. 특히 변화의 관점에서 세상을 바라보는 철학적 입장에 서게 되면 더욱 그렇게 느껴집니다. '무엇인가' 와 '어떻게 돼야 하는가' 의 문제는 상통합니다. 본질은 변화를 수반하고 변화는 본질을 새롭게 형성하기 때문입니다.

좀 더 나은 세상을 위한 정치담론은 이처럼 본질 인식의 문제와 변화를 향한 우리들의 이상과 열정의 문제, 더 나아가서는 우리들의 영혼에 깃든 실천적 가능성의 문제를 포함합니다. 이런 각도에서 '정치가 어떻게 돼야 하나', '미래 방향을 어떻게 설정해야 하나' 하는 논의를 했으면 합니다. 특히 정치의 변화 가능성에 시민사회가 어떤 의미를 지니는지도 함께 논의해보지요. 시민사회의 영향력이 국내정치뿐 아니라 국제정치 분야에서도 전 지구적 민주화 추세와 함께 날로 커지고 있기 때문입니다. 국가나 지구적 차원의 권력은 근본적으로 시민사회에 뿌리를 두고 있습니다. 그리고 민주화로 대변되는 시민사회의 추세는 오늘날 새 정치, 미래정치를 만들어가는 가장 핵심적인 원동력이 되고 있습니다.

미래정치의 변화 가능성과 관련해 시민사회의 대두가 어떤 의미를 지니는가?

존 던 우선 '정치란 무엇인가' 라는 질문은 매우 심오한 질문임에 틀림없습니다. 심오한 질문이 아니라고 넘어가려 해도 소용없겠지요. 그리고 이 질문에 대한 답은 '정치란 어떤 것이어야 하는가' 를 언급하지 않고서는 불가능합니다. 두 질문은 조 박사께서 지적하셨듯이 다른 각도에서 주어진 동일

한 질문입니다. 저 개인적으로는 국내정치와 국제정치 측면에서 많은 변화가 요구된다고 생각합니다. 국내정치와 국제정치는 사실상 매우 밀접하게 연결돼있습니다. 하지만 완전히 하나로 통합될 수 있는 것은 아닙니다. 국제정치에서 발생하는 문제 중 일부는 사실 시민사회가 대응하기 어렵습니다. 국내정치 문제도 크게 다르지 않습니다.

〈그린피스 활동〉 인도네시아의 원자력 발전소 설립에 반대하는 그린피스 회원들이 청정에너지 사용을 촉구하며 퍼포먼스를 벌이고 있다.

그러나 시민사회는 두 영역 모두에서 가치 있는 정치 활동을 충분히 감당할 수 있을 뿐 아니라 이미 이러한 활동을 수행하고 있습니다. 이런 상황에서 그 누구도 시민사회가 할 수 있는 일에 한계가 있다고 말할 수 없을 것입니다. 그 한계는 실제 현실에서 찾아야 하는데, 점점 시민사회의 한계는 줄어들고 있습니다. 정치를 오직 국가의 일이라 여기는 입장에서라면 정치는 직업 정치인들만의 몫이라 보겠지요. 그래서 정치 영역에서 아마추어, 비전문가가 비공식적이지만 중요한 역할을 할 수 있다는 데까지는 생각이 미치지 못합니다.

시민사회는 국내정치는 물론 국제정치에서 가치있는 정치 활동을 충분히 감당할 수 있을 뿐 아니라 이미 이러한 활동을 수행하고 있습니다.

최근 전 세계적으로 민주주의가 지배 이데올로기가 된 것은 결코 우연이 아닙니다. 민주주의는 정치의 직업화를 반대하는 경향을 띤 이데올로기입니다. 민주주의는 정치가 소수의 전문가들에게 맡기기에는 너무 위험하고, 너무 중요하며, 너무 가치 있는 것이라고 전제하고 있습니다. 저는 이 판단이 옳다고 확신합니다. 어떤 면에서 민주주의는 보다 나은 사회를 건설하기 위한 과제를 사회 구성원 전체에게 배분하는 것이라 할 수 있습니다. 평생 다른 일은 전혀, 혹은 거의 하지 않는 소수 몇 명에게 그 과제를 위탁하지 않으려는 것입니다.

시민사회의 역할은 바로 이런 특성에서 비롯된 것입니다. '민주화'라는 것과 다를 바 없지요. 민주화의 한 측면이라고 할까요. 다른 부류의 수많은 주체가 새로 형성되고 그 주체가 힘을 키워나가는 과정이 없다면 민주화는 어떤 의미도 가질 수 없습니다. 시민사회란 진정 무엇인가에 대한 답도 여기서 찾을 수 있습니다.

시민적 가치가 미래정치에 주는 의미는 무엇인가?

조인원 시민사회는 옛날부터 중요한 의미를 지녀왔습니다. 정치란 사회적 지지 기반을 토대로 할 때에만 힘을 얻을 수 있기 때문입니다. 특히 자유민주주의 정치체제하에서는 시민사회가 곧바로 선거에서의 투표수로 인식됩니다. 이러한 전통적 시민사회 개념과 더불어, 최근 들어서는 시민적 가치 civic value가 강조되고 있습니다. 조금 후에 다시 말씀드리겠지만 참여민주주의 대두와 함께 국제사회, 국제정치에 있어서도 시민적 가치의 중요성이 날로 중요해지고 있다는 사실은 의문의 여지가 없습니다.

한 예로 UN의 협의자 지위를 확보한 시민단체가 현재 수천 단체에 이릅니다. 이들은 글로벌 어젠다 형성과 조율에 적극적인 활동을 펼치고 있습니다. 시민적 삶 거의 모든 영역에서 새로운 사고, 새로운 비전을 이들 시민단체들이 적극 개진하고 있습니다. 이런 맥락에서 코피 아난Kofi Annan 유엔 사무총장은 '21세기는 시민사회의 시대가 될 것이다' 라고 했습니다. 그만큼 시민사회가 전 세계적으로 크게 부각되고 있다는 뜻이겠지요. 또 국가와 국가, 사회와 사회 간 상호의존이 심화되고 활발한 소통이 이루어지고 있습니다. 이제 '세계시민사회' 를 말하는 것도 어색하게 들리지 않습니다. 매우 바람직한 현상입니다. 시민적 가치, 혹은 시민사회의 공공 가치가 미래 정치에 주는 의미를 어떻게 봐야 할까요?

참여민주주의가 대두되면서 국제정치에 있어서도 시민적 가치의 중요성이 날로 중요해지고 있습니다. 한 예로 수많은 시민단체들이 시민적 삶 거의 모든 영역에서 새로운 사고, 새로운 비전을 적극 개진하고 있습니다.

존 아이켄베리　지적하셨듯이 시민사회는 놀랍게도 전 세계적으로 부상하고 있습니다. 새로운 아이디어로, 사람들이 세계에 대해 생각하는 방식을 이끌고 있습니다. 여러 국가의 시민단체가 세계적인 무대에서 대대적인 환호를 받으며 등장할 수 있었던 것은 민주주의가 앞서 나갔기 때문입니다. 바로 오늘 우리가 민주주의를 자축하고 있듯이, 민주주의는 20세기 말에서

〈GMO 농산물 반대 시위〉 2008년 벨기에 브뤼셀에서 그린피스 회원들이 유전자 조작 농산물의 수입 반대 운동을 벌이고 있다.

21세기 초, 세계를 휩쓰는 일종의 종교가 되었습니다. 시민사회를 환영하고 존중하는 까닭은 시민사회야말로 진정한 민주주의의 동력이자 민주주의의 구현이기 때문입니다. 시민사회가 존재하기 때문에 민주주의는 건강해지고 또 존중받고 있습니다.

시민사회에는 두 가지 방향의 움직임이 있습니다. 한편으로, 세계시민사회가 중심이 되어 문제를 제기하고 토론을 이끌고 있습니다. 시민사회를 지지하는 구성원도 생겨나고 있습니다. 세계시민사회는 확고한 입장을 가지고 있습니다. 어느 부문에서든 꼭 고려하고 존중해야만 하는 집단이 되었습니다. 시민사회는 우리가 정치에서 성취해야 할 대상을 규명하는 데도 목소리를 보태주고 있습니다. 또 다른 측면에서 세계시민사회는 여러모로 아직 만들어지는 과정에 있습니다. 세계 무대로 확대 진출하면서 범국가적, 범사회적인 일들이 이루어지고 있습니다. 민주주의를 어떻게 증진할 것인가, 이 바람직한 정치사회체제를 어떻게 문제 지역으로 확산시킬 것인가, 낙오국이나 약소국, 독재주의 국가들을 어떻게 해결할 것인가 등의 질문에 직면하게 되면 우리는 점점 시민사회에 기대게 됩니다. 세계시민사회가 하나의 원동력, 다시 말해 참여와 연대를 이끌어내고 교육을 통해 시민적 가치가 무엇인지, 그리고 이러한 시민적 가치가 민주주의나 더 광범위한 정치 세계와 어떻게 연관되는지에 대한 지식을 전달하는 주체가 되어주기를 기대합니다. 오늘날 세계시민사회의 전개 양상은 이처럼 두 측면으로 나타나고 있습니다. 매우 의미심장한 일입니다.

시민사회에는 두 가지 방향의 움직임이 있습니다. 한편으로 세계시민사회가 중심이 되어 문제를 제기하고 토론을 이끌고 있습니다. 또 다른 측면에서 세계시민사회는 여러 모로 아직 만들어지는 과정에 있습니다.

07

미래정치
새로운 지성을 요구한다

조인원 조금 포괄적인 주제가 될 듯합니다만, 이번 대담의 주제에 맞추어 정치의 미래를 전망하는 시간을 갖겠습니다. 20세기와 21세기의 정치를 비교할 때, 이제는 많은 사람들이 이념에 경도된 정치보다는 인간적 변인, 인간의 필요 또는 시민적 가치를 지향하는 정치를 기대하는 것 같습니다. 참여와 대화에 기반한 민주주의에 대한 기대도 훨씬 커지고 있습니다. 그런 맥락에서 근자엔 '유토피아'에 관한 논쟁이 학계 일각에서 다시 일고 있습니다. 현실은 조형될 수 있고, 조형될 현실은 우리들의 상상력으로 채워질 수 있다는 생각의 결과인 것 같습니다. 물론 이상이 이상으로 그치면 그 논쟁은 '유토피아 오류'에 또다시 봉착합니다. 그러나 그 이상을, 이상 실현을 위한 결속과 연대, 현실을 조형하려는 치열한 집단의지로 승화시키면 정치 이상향에 관한 논의는 매우 중요해집니다. "모든 것은 정치다It's all politics"라는 명제에서 보면 더욱 그렇습니다. 정치는 '만듦과 다듬음'의 과정입니다. 그 과정을 위해 치열한 투쟁이 일어나는 또 다른 과정이기도 합니다. 이런 과정들의 존재를 우리가 수용할 수 있다면 우리 모두에게 희망을 주는 미래정치도 그려질 수 있다고 봅니다.

정치는 '만듦과 다듬음'의 과정입니다. 그 과정을 위해 치열한 투쟁이 일어나는 또 다른 과정이기도 합니다. 우리는 어떤 정치의 미래상을 만들어갈 수 있을까요?

물론 정치를 아주 다른 각도에서도 볼 수 있습니다. 정치란 '이러저러한 것이다'라는 관점 말입니다. 이런 시각에서 보면 정치는 닫힌 공간입니다. 미래정치는 말할 필요조차 없습니다. 닫힌 공간에서 변화를 말하는 것은 의미가 없기 때문입니다. 과거, 현재, 미래의 똑같은 현실정치만이 있을 뿐입니다. 그러나 정치에는 항상 변화가 있습니다. 미래가 있어왔습니다. 20세기보다는 19세기가, 19세기보다는 18세기 정치가 좀 더 나았다고 말할 수 없다면 말이죠.

경직된 이념과 신념, 구조화된 정치질서의 개선은 과연 가능한 것일까요? 또 우리는 어떤 정치의 미래상을 만들어갈 수 있을까요? 자유민주주의, 시장경제를 둘러싼 이념과 신념 못지않게 이들이 만들어낸 부정적인 결과물, 이를테면 환경 파괴, 자원 고갈, 지구 온난화와 같은 폐해를 치유하는 새 정치에 관한 관심이 최근 크게 대두되고 있습니다. '큰 개인', '열린 시민사회'

의 대두와 함께 정치에 대한 새로운 지혜가 요청되고 있습니다. 두 분의 상상력이 궁금해집니다.

〈꽃향기를 맡는 사람〉 안동댐 조각공원에 있는 이종빈의 조형물.

희망을 주는 정치가 되려면 어떻게 해야 하는가?

존 던 말씀하신 것 중에 정치가 이데올로기에서 멀어지고 있다는 지적은 동의하기가 어렵습니다. 일부 이데올로기가 무너진 것은 사실입니다. 그러나 삶에서 중요한 명분이 무엇이고 정말 중요한 가치가 무엇인가에 대한 생각은 여러 사회에서 매우 긴 역사를 가지고 있습니다. 이제 새로운 가치관을 통해 이런 명분을 조명하는 것이 필요합니다. 물론 이전에도 다른 각도에서 바라보는 시각이 있었습니다. 그러나 표면화되지 않고 눌려있었습니다. 솔직히 말해, 과거에는 정치 독트린이 과격해서 해야 할 것과 하지 말아야 할 것이 정해져있었습니다. 아이켄베리 교수께서 명료하게 언급하시기는 했지만, 오늘 토론에서 충분히 논의하지 못한 것이 한 가지 있습니다. 인류 전체의 생태학적 위치에 관한 것입니다. 미래정치에 있어서 분명한 사실은 인간과 환경 관계가 과거와는 다른 방식으로 설정돼야 한다는 것입니다. 인간이 환경에 끼치는 영향에 대해 책임지는 방법을 함께 모색해야 합니다. 인류 역사상 이러한 노력은, 아주 소규모로 있긴 했습니다만, 거의 이루어지지 않았습니다. 지난

미래정치에 있어서 분명한 사실은, 인간과 환경 관계가 과거와는 다른 방식으로 설정돼야 한다는 것입니다. 인간이 환경에 끼치는 영향에 대해 책임지는 방법을 함께 모색해야 합니다.

25년에 걸쳐 일어난 정치, 경제, 사회 개발은 환경 면에서 큰 재앙을 불러왔습니다.

민주화와 부의 성장이 인류의 위대한 업적이라고도 말할 수 있습니다. 그러나 민주화와 부의 성장이 환경 파괴와 동시에 이루어졌다는 사실에 주목할 필요가 있습니다. 말하자면 인류의 서식지를 아주 빠른 속도로 파괴해온 과정과 똑같은 과정을 거쳐 이뤄낸 성과입니다. 현재 우리 정치제도는 이 문제에 책임을 지고 효과적으로 대응하는 역량을 보여주지 못하고 있습니다. 우리 세 사람 모두 여기에 동의하리라 생각합니다. 사실 저는 정치가 그럴 수 있을 것이라고 생각하지 않습니다, 모든 사람들이 과거와 다른 목적과 방식으로 정치에 참여하지 않는 한 말입니다.

인류의 삶을 이어가는 데 궁극적으로 필요한 자연을 파괴한 게 잘못이었음을 인식해야 한다는 것. 이것이 정치의 가장 현실적인 요구입니다.

20세기에 아주 야심차고 많은 사람들이 환호했던 체제가 존재했지만, 모든 면에서 매력적인 체제로 판명되지는 못했습니다. 물론 같은 시기에 경제적으로 아주 성공적인 체제도 있었습니다. 그러나 현존하는 전체 생물 종이 개체수 급감이나 끔찍한 사건을 겪지 않고 수백 년 더 지속하려면 체제에 대한 뭔가 획기적인 대책이 필요합니다. 이것이 바로 정치가 직면한 가장 큰 도전입니다. 정치에서 가장 극적인 혁신이 요구되는 부분입니다. 인류의 삶을 이어가는 데 궁극적으로 필요한 자연material facilities을 파괴한 게 잘못이었음을 인식해야 한다는 것. 이것이 정치의 가장 현실적인 요구입니다.

〈사라지고 있는 빙하〉 대기 중 온도의 급격한 상승으로 북극 근처의 빙하가 과거보다 빠른 속도로 녹고 있다.

미래정치를 어떻게 이끌어나갈 것인가?

조인원 아이켄베리 교수께서는 최근 《승리 이후*After Victory*》라는 책을 펴내셨지요. 그동안 UN 개혁과 관련된 연구도 꾸준히 해오신 것으로 알고 있습니다. 또 세계시민사회의 등장에 관해서도 많은 관심을 갖고 계십니다. 국가와 시민사회 그리고 국제기구, 모두 매우 중요한 역사의 주체들입니다. 물론 개인의 역할도 민주화 추세, 각성된 시민의식과 더불어 날로 중요해지고 있지만 말입니다.

정치는 산적한 인간 문제, 사회 문제, 국제질서 문제, 특히 갈등과 분쟁 문제를 효율적으로 다뤄야 합니다. 인류의 생존 그 자체를 위협하는 자연과 생태, 환경 문제도 중요하게 인식됩니다. 이런 점에서 우리들이 살고 있는 오늘의 이 시점은 인간적 삶의 조건에 관한, 지구 행성의 안위에 관한 총체적인 성찰과 보살핌이 그 어느 때보다 절실히 요청되는 시기가 아닌가 합니다. 삶과 생태, 정치의 전일적全一的 사관도 중요하게 부각되고 있습니다. 그러나 인간의 끊임없는 욕

오늘의 이 시점은 인간적 삶의 조건에 관한, 지구의 안위에 관한 총체적인 성찰과 보살핌이 그 어느 때보다 절실히 요청되는 시기입니다. 문제는 '어떤 구상과 함께, 어떤 방법과 실천 강령을 가지고' 라는 점입니다.

망과 이익 추구에 관한 집착이 인류의 공동선 추구를 부차적인 문제로 돌리는 것은 아닌지 하는 생각도 동시에 듭니다. 인류가 '무無의 요동搖動'으로부터 비롯된 '포유류의 후예'로 치열한 생존 투쟁에 익숙해있는 반면, 인간화 · 문명화 과정에 기울여온 각고의 노력은 아직 그 역사가 상대적으로 일천하기 때문입니다. 인류의 선조 루시Lucy로부터 호모사피엔스에 이르는 역사에 비해 인간화 · 문명화의 역사는 너무도 짧기 때문입니다.

생존을 위한 투쟁과 현실정치의 심리적, 전략적 요인들을 부인하는 것은 그래서 어리석고 순진한 일일지 모릅니다. 그러나 그 경쟁이 소통과 상생의 공동체 덕목을 존중하는 인류 문화와 함께 이뤄져왔다는 점은 전적으로 부인하기 힘듭니다. 사실 인류사나 문명사는 그런 방향에서 진화해왔습니다. 이런 점에서 문제는 '어떤 구상과 함께, 어떤 방법과 실천 강령을 가지고'라는 것일 겁니다. 미래정치에 관한 구체적인 구상과 실천의지가 앞서 말한 현대사회의 난제에 비추어 중요하게 대두되고 있습니다. 현실정치의 폐해를 넘어서는 '무엇' 혹은 '대안' 말입니다.

존 아이켄베리 저는 세계가 새로운 정치를 위해 분투하고 있다고 생각합니다. 일부 기존 질서에 위기가 있기 때문에 비롯된 일이지요. 지난 50~60년

동안 국제체제는 미국과 구소련이 만든 영역을 중심으로 구축됐습니다. 구소련 몰락 이후, 그러니까 냉전 후 질서에서는 미국과 국제기구, 유럽, 아시아 국가들이 일련의 국제기구를 설립해 국제질서를 유지해오고 있습니다. 그런데 저는 이 같은 기구들이 그다지 효과적이라고 생각하지 않습니다.

UN부터 볼까요? UN은 현재 위기에 직면해있지만 꼭 필요한 기구입니다. UN은 정통성 있는 기구입니다. 미국은 꽤 강력한 힘을 가지고 있지만 UN만큼 정통성은 없습니다. 하루라도 빨리 국제기구를 재정립해서 세계문제를 해결하기 위한 정통성 있는 지도력을 만들어야 합니다. 그리고 앞서 언급했듯이, 예전의 메커니즘은 이미 무용지물이 됐습니다. 21세기를 전망해볼 때 정치의 어렵고도 시급한 문제는 과거와 그 성격을 달리합니다. 20세기에 국제기구를 설립하게 했던 과거의 문제가 아닙니다. 20세기와는 다른 문제이기 때문에 다른 제도, 다른 정체성, 다른 공동대응을 필요로 합니다. 이것이 우리가 이제 막 두 눈으로 보기 시작한 사회적 혁신입니다.

우리는 위기 상황에 있습니다. 어떤 면에서 위기는 단순히 어려운 시기가 아니라 기회입니다. 지성인과 지각 있는 시민, 시민사회가 나서서 새로운 것을 이야기하고 새로운 정치 구성을 논의할 수 있는 기회의 시기입니다.

우리가 처한 이 시기가 바로 그런 과정이 시작되는 시기입니다. 매우 신나는 일이기도 하지만 결국은 자신의 이해 때문에 추동된 일입니다. 그리고 존 던 교수님 말씀처럼, 우리를 위협하는 문제에 대한 아주 실용적이고 현실적인 고려로부터 시작된 일입니다. 거듭 말씀드리지만, 우리를 위협하고 있는 문제는 국가 대 국가의 문제가 아니라 자연과의 관계, 우리를 먹여 살리는 것들과의 관계에 내재되어 있는 새로운 유형의 문제입니다.

우리는 위기 상황에 있습니다. 어떤 면에서 위기는 단순히 어려운 시기가 아니라 기회입니다. 시민사회가 나서서 새로운 것을 이야기하고 새로운 정치 구성을 논의할 수 있는 기회의 시기입니다.

마지막으로 한 가지만 더 말씀드리자면, 중국이 성장하고 있다는 겁니다. 많은 분들이 9.11 사태를 우려하기 전에는 중국의 부상rise of China을 우려하고 있었습니다. 중국의 1인당 국민소득을 미국 수준까지 높이려면, 경제 활동에 소요되는 석유를 생산하기 위해 지구가 여섯 개나 더 필요하기 때문입니다. 이것은 불가능합니다. 이런 식의 성장에는 한계가 있습니다.

21세기에 우리가 직면하게 될 문제, 예컨대 평등, 자원, 환경 문제에 대한 목소리가 점점 높아지고 있습니다. 이런 문제들이 우리들을 정치에 대한 새로운 지적 상상으로 이끌고 있습니다.

21세기에 우리가 직면하게 될 문제, 예컨대 평등, 자원, 환경 문제에 대한 목소리가 점점 높아지고 있습니다.

〈희망의 촛불〉 21세기는 평화의 시대로 향하는 과도기다. 아직 우리는 위기 상황에 있지만 이 위기는 기회이기도 하다.

이런 문제들이 우리들을 정치에 대한 새로운 지적 상상으로 이끌고 있습니다. 저는 우리가 이런 일들을 잘 해나가길 빕니다.

08

젊은 세대의 목소리

조인원 고맙습니다. 오늘 우리는 현실정치와 미래정치를 대비시키며 문제점을 살펴보았습니다. 짧은 시간이긴 했지만 앞으로의 전망에 대해서도 얘기를 나누었습니다. 미래정치는 저희 세대보다는 아마도 젊은 세대의 몫일 것 같습니다. 이 자리에 경희대학교 학생들이 나와있습니다. 학생들의 질문을 받아보겠습니다.

문화의 충돌 문제를 어떻게 다룰 것인가?

이영훈(외국어대학 동아시아어학과군, 국제캠퍼스): 21세기의 가장 큰 관심사는 문명 충돌이라고 생각합니다. 이 문제는 《문명의 충돌》이라는 책에서 다루어지기도 했고, 상당 기간 동안 논쟁 거리가 되기도 했습니다. 각기 다른 배경의 문화, 국가, 사회 간의 효과적인 협력을 이끌어내기 위해 이 문제를 해결해야 할 때입니다. 문명 충돌이라는 문제를 어떻게 다룰 것인지에 대한 조언을 듣고 싶습니다.

존 던 우리 두 사람 다 이 주제에 대해서라면 한참 이야기할 수 있을 것 같습니다. 개인적으로 문명이 충돌한다고 생각하는 것은 옳지 않다고 봅니다. 하지만 세계 정치에 어떤 일이 일어나고 있는가에 대해 이 책이 매우 의미 있는 분석을 하고 있다는 사실은 인정합니다. 이 책은 당시 현실주의 국제관계 이론가들이 놓치고 있었던 부분을 명확하게 지적하고 있습니다. 미국의 외교정책 담당자들도 놓치고 있던 내용입니다.

〈상호작용〉 오늘날 국가와 국가, 사람과 사람 사이의 상호작용은 더욱 긴밀해지고 있다.

〈이집트의 아스완 댐〉 사막을 경지화하기 위해 건설된 아스완 댐. 20세기 초 영국의 기술력으로 댐 건설이 본격화되었으며, 2차 댐 건설 시 문화 유적의 구조 작업에 세계 여러 기관과 국가들이 협조를 아끼지 않았다.

사람 간 상호작용은 과거 어느 때보다 긴밀해졌고, 그런 상호작용이 어떻게 경험되는가도 매우 중요해졌다는 사실은 부인할 수 없습니다. 이 같은 긴밀한 상호작용은 고통을 수반할 수 있습니다. 자신이 그토록 소중히 여기고 걱정해 마지않는 사회에 대해 경멸하거나 심지어 적대감을 갖게 되는 고통이지요.

이제 각국은 서로 상호관계를 모색할 때 엄밀한 현실주의 관점에서, 과거에 견주어 훨씬 더 빈틈없는 방식으로 접근해야 합니다. 국가 간 상호관계하는 방식을 많은 사람들이 보게 되는데, 이제 사람들은 대개 전통적 외교에서 써왔던 특별하고 비밀스러운 방식에 별로 동조하지 않습니다. 만약 '문명 충돌'이라고 부를만한 것이 존재한다면, 그 충돌의 원인은 무엇보다도 국가 간 상호작용 과정에 있었던 정치 판단의 실패로 설명하는 것이 맞습니다. 오늘날 문명 충돌이 일어날 가능성이 100년 전보다 훨씬 큰 것도 서로 다른 문명 사이의 상호작용이 그만큼 많아졌기 때문입니다. 문명 간 상호작용을 잘 해내는 것은 세계에서 가장 큰 정치적 권위를 가진 사람들이 가장 시급하고 가장 민감하

만약 '문명의 충돌'이라고 부를 만한 것이 존재한다면, 그 충돌의 원인은 무엇보다도 국가 간 상호작용 과정에 있었던 정치 판단의 실패로 설명하는 것이 맞습니다.

게 역점을 두어야 할 사안입니다. 지난 20~30년 동안은 우리는 이에 잘 대처하지 못했습니다. 우리가 끔찍한 혼란에 빠져있는 이유 가운데 하나가 바로 이 점입니다.

조인원 다른 학생, 질문하시지요.

자국의 기준으로 다른 나라에 제재를 가하는 미국의 태도가 미래정치에 어떤 영향을 미칠 것인가?

최희빈(문과대학 영어학부, 서울캠퍼스) 미래정치에서 가장 중요한 과제는 단순히 개별 국가에 민주주의를 수립하는 것이 아니라 전 국제사회를 아우르는 민주주의를 성취하는 것이라고 봅니다. 이러한 입장은 자칫 미국이 자국 기준에 부합하지 않는 국가에 대해 군사 제재나 경제 제재를 가하는 것을 합리화할 수도 있을 것 같습니다. 미국의 이런 태도가 미래 국제사회에 어떤 영향을 미칠 것인지, 교수님들의 견해를 듣고 싶습니다.

존 아이켄베리 제가 그 질문에 답하겠습니다. 우선 한 가지 전제를 하고 시작하겠습니다. 모든 나라가 개방적이고 책임감 있게 상호 규칙을 준수한다면 해결하지 못할 문제는 거의 없다는 것입니다. 테러리즘, 대량살상 무기 확산, 폭력과 내전 나아가 지역 분쟁까지 낳는 압제 등 우리가 우려하는 모든 문제들은, 우리가 원하는 방향으로 모든 국가가 나서기만 한다면 해결될 수 있습니다. 문제는 어떻게 모든 국가가 이 방향으로 나아가도록 하느냐에 달려있습니다. 50년 후 발생 가능한 분쟁의 소지는 세계 각국이 국제조약에 비준하고 군축과 핵확산 금지조약 이행에 대한 감시와 사찰을 허용하는 제도와 규칙에 동의한다면 해결될 수 있습니다. 모든 국가가 이 방식을 수용하고 이에 따라 행동할 수 있도록 해야 할 것입니다.

〈비폭력〉 UN 총회장 입구에 설치되어 있는 로이터바르트의 조형물.

세계 최강국이 자국의 정치적 가치를 다른 국가에 강요하려고 한다면 문제가 되지 않겠는가라는 질문은 정확한 지적입니다. 앞서 우리가 세계적인 시민사회의 중요성을 강조한 게 바로 이 때문입니다. 시민사회가 우리 모두가 원하는 방향의 변화를 이끌어가는 합법적 동력이 돼야 합니다.

그럼 어떻게 해야 할까요? 세계 최강국이 자국의 정치적 가치를 다른 국가에 강요하려고 한다면 문제가 되지 않겠는가 하는 질문은 정확한 지적입니다. 앞서 우리가 세계 시민사회의 중요성을 강조한 게 바로 이 때문입니다. 시민사회가 우리 모두가 원하는 방향의 변화를 이끌어가는 합법적인 동력이 돼야 합니다. 그래서 저는 민주주의, 세계 민주주의가 우리 미래의 일부, 해결책의 일부가 될 것이라고 봅니다. 민주주의는 정당합니다. 민주주의 국가들은 서로 기꺼이 협력하고 규칙을 준수하며, 세계를 규칙에 기반한 질서로 이해합니다. 그러나 이런 제도를 다른 국가에 강요하려고 한다면, 역효과를 가져와 민주주의 제도의 확산을 감소시키는 갖가지 문제를 양산할 것입니다. 바로 이 때문에 현명한 대처가 필요한 것입니다.

시민그룹이 사회 분열을 종식시키는 조정자 역할을 할 수 있을까?

한태희(외국어대학 유럽어학과군, 국제캠퍼스) 21세기 들어 NGO를 포함한 시민사회의 목소리가 점점 힘을 얻고 있습니다. 이런 시민사회가 뿌리 깊은 보수와 진보, 좌와 우의 분열을 종식시키는 조정자 역할을 할 수 있을까요?

존 던 저는 그들이 모두 같은 위치에 있다고 생각하지 않습니다. NGO나 시민사회가 좋은 일을 많이 할 수 있고 이미 많은 훌륭한 일을 해온 것은 분명한 사실입니다. 그리고 NGO가 앞으로 얼마나 더 많은 일들을 할지 아무도 모릅니다. 제가 강조하고 싶은 것은 이들도 계속 노력해야 한다는 것입니다.

하지만 이미 설명했듯이 보혁 갈등은 국가가 '어떻게' 결정을 내려야 하는가, '어떤' 결정을 내려야 하는가 하는 부분에 대한 갈등입니다. 사회를 구현하는 전략에 대해 의견이 다릅니다. 그리고 보수와 진보의 충돌은 실제 한쪽 진영에서 다른 진영으로 전환한다고 해서 쉽게 사라지지 않습니다. 이런 갈등이 NGO와 시민사회 사이에서 일어나지 말라는 법도 없습니다. 저는 이 충돌이 무엇을 해야 할 것인가에 대한 의견 불일치라고 생각합니다. 행위 주체 사이의 대립이 아닙니다. 국가를 필요악이나 믿을 수 없는 주체로 생각하고, 반대로 NGO나 시민사회를 완전무결한 판단을 하는 훌륭한 주체로 생각하는 것 역시 어리석은 생각입니다. 국가는 좋을 수도 있고 나쁠 수도 있습니다. NGO나 시민사회도 마찬가지입니다. 국가는 현명 할 수도 있고 어리석을 수도 있습니다. 마찬가지로 NGO나 시민사회도 그럴 수 있습니다. 이처럼 국가나 시민사회 어느 한 쪽이 지혜를 독점하고 있는 것은 아닙니다. 현재 많은 경우, 국가보다 특정 NGO나 시민사회를 좀 더 신뢰할 수 있고 존중할 만하다고 판단하는 것은 온당하다고 봅니다. 그렇지

〈미래를 위한 협력〉 희망의 정치를 열어가기 위해서는 국가와 시민사회 공동의 노력이 필요하다.

만 그런 관점이 모든 면에 이어져서는 안 된다고 생각합니다. 좋게 평가되고 있는 것에 대해서는 신뢰하되, 현재 행해지고 있는 일이 옳은지 그른지는 스스로 판단해야 합니다.

> NGO는 법을 집행하고 규칙을 지키며 책임 있게 행동하는 정부를 필요로 합니다. 여러 모로 NGO와 선한 국가들은 서로 협력해야 합니다. 우리에게는 이 둘 모두가 필요합니다.

존 아이켄베리 저도 NGO와 국가가 협력해야 한다고 생각합니다. 예를 들어 NGO가 브라질 열대우림을 보호하기 위해 새로운 견해와 정책을 추진하고, 시민 운동가와 단체가 열대우림 보호가 환경을 고려할 때 가장 중요한 일이라고 여기는 상황을 가정해봅시다. 이 경우 열대우림을 보호하기 위해 환경 기준을 강화하는 능력 있고 합법적인 브라질 정부가 필요합니다. NGO는 이런 일을 할 수 없습니다. NGO는 법을 집행하고 규칙을 지키며 책임 있게 행동하는 정부를 필요로 합니다. 여러 모로 NGO와 국가는 서로 협력해야 합니다. 우리에게는 이 둘 모두가 필요합니다. 둘 중 하나가 아닙니다.

미국이 햇볕정책을 지지한다면 세계에 어떤 영향을 미칠까?

김나혜(국제 · 경영대학 국제학부, 국제캠퍼스) 김대중 전 대통령은 북한과 관계 개선을 위해 햇볕정책을 추진했습니다. 미국은 이와 같은 정책을 추진하지 않고 있습니다. 미국이 이 정책에 반대 입장을 보이는 이유는 무엇일까요? 그리고 만일 미국이 햇볕정책을 지지하게 된다면 한국과 전 세계에 미칠 긍정적인 영향과 부정적인 영향은 어떤 것이 있겠습니까?

존 던 저는 미국이 햇볕정책을 신뢰한 적이 없다고 생각합니다. 그리고 햇볕정책이 미국 입장에서 충분히 이해된 적도 없습니다. 사실 한국도 마찬가지라고 봅니다. 북한의 위협을 종식시키기 위해 북한 정권과 어떻게 합의를 이룰 것인가에 대한 의문을 해결하지 못했기 때문입니다. 햇볕정책은 이 질문에 답하지 못합니다. 햇볕정책은 북한의 위협이 언젠가는 멈추리라 바라고 있을 뿐, 사실상 위협의 중단을 가져오는 메커니즘은 가지고 있지 않습니다.

햇볕정책은 북한의 위협이 언젠가는 멈추리라 바라고 있을 뿐, 사실상 위협의 중단을 가져오는 메커니즘은 가지고 있지 않습니다.

물론 햇볕정책이 일부 효과가 있었다는 것은 사실입니다. 운이 좋다면 앞으로 오랜 기간 효과가 있을 것입니다. 하지만 이것은 매우 명민하고 현실주의적인 북미 간 협상과 함께 결합될 때만 가능합니다. 북미 협상은 최후의 경우에 이루어질 수 있는 협상입니다. 그 이유는 북한 정부가 자국민을 두려워하고 자국의 미래를 염려하기 때문입니다. 북한은 미래에 대한 일종의 보장을 얻지 않는 한 위협을 멈추지 않을 것입니다.

남한 국민들은 자기 정치적 성향이 어떻든 간에 그러한 보장을 해줄 수 없습니다. 능력 밖의 문제이기 때문입니다. 미국이라면 조건부로 가능하겠지요. 햇볕정책이 그 자체만으로 문제를 해결할 수 있을 것이라는 희망은 이치에 맞지 않습니다. 그러나 햇볕정책이 남한에게 그른 정책이었다는 의미는 아닙니다. 남한은 다른 필수불가결한 요소를 제공할 수 없었을 뿐입니다.

존 아이켄베리 북한이 실제 핵 역량을 구축하기 전에는 햇볕정책이 좀더 주목할만했습니다. 오해를 없애고 남북 모두에 대한 새로운 시각, 새로운 이해관계를 만들어내고, 실제로 북한을 장벽 밖으로 나오도록 이끄는 장기적 전략이었기 때문입니다. 만일 북한이 세계 다른 지역을 위협하지

북한이 실제 핵 역량을 구축하기 전에는 햇볕정책이 주목할만했습니다. 그러나 현재 정황으로는 보상과 응징을 모두 담은 정책이 필요합니다.

않는 그저 온화한 전제국가였다면 햇볕정책은 아마도 최선의 해결책이었을 겁니다. 장기적이면서 천천히 진행되는 포용의 과정으로 말이지요.

그러나 현재 정황으로는 존 던 교수님 말씀처럼 대화와 협상, 체제 보장과 안전 보장을 모두 제공하는 보완 정책이 필요합니다. 평양의 지도층도 현재 상태를 지속하려면 대가를 치러야 하고, 새로운 관계를 구축하면 보상이 있으리라는 것을 알아야 합니다. 결론적으로 핵무기에 대해서는 보상과 응징을 모두 담은 정책이 필요합니다.

09

미래를 열어가는 젊은 정치, 희망의 정치

조인원 오늘 대담을 정리해야 할 시간입니다. 두 분 교수께서 한국사회를 향해 하고 싶으신 말씀을 이 기회를 통해 들려주셨으면 합니다. 막연한 질문이긴 합니다만, 평소 한국사회에 대한 희망이나 바람이 있었다면 간략하게 말씀해주시기 바랍니다.

존 아이켄베리 한국은 지난 수십 년간 이미 많은 면에서 모범이 되어왔습니다만, 앞으로도 권위주의적 정부에서 민주 정부로, 개발도상국에서 선진경제로 발전한 국가로 아시아와 전 세계의 모델이 되었으면 합니다. 한국은 중국, 일본, 러시아, 미국과 같은 강대국에 둘러싸여있습니다. 강대국에게 발언권을 행사하고 동북아시아 지역, 더 나아가 세계 체제의 바람직한 미래상을 그려가는 데 도움을 줄 수 있는 중진국 위치에 있습니다. 한국은 곧 자국 출신의 UN 사무총장을 가진 국가가 될 것입니다

한국은 중국, 일본, 러시아, 미국과 같은 강대국에 둘러싸여 있습니다. 강대국들에게 발언권을 행사하고 동북아시아 지역, 더 나아가 세계 체제의 바람직한 미래상을 그려가는 데 도움을 줄 수 있는 중진국 위치에 있습니다.

다. UN을 통해 자국의 비전과 리더십을 제공할 수 있는 기쁜 순간이 되겠지요. 그러나 한국 자체로도, 근대화되고 그 근대화 문제를 대처하는 국가, 좌우 갈등 해결을 위해 노력하는 국가로, 오늘날 세계가 꼭 필요로 하는 모델이 될 수 있을 것입니다.

조인원 존 던 교수께서도 말씀하시죠.

존 던 한국은 대단한 국가입니다. 바로 조 박사님 세대와 그 이전 세대가 놀라운 업적을 이뤄 냈습니다. 하지만 진정 엄청난 일들은 바로 지금 일어나고 있습니다. 한국 사회는 많은 면에서 큰 자신감을 갖게 되었습니다. 단순히 자신감을 가진 나라는 많습니다만 한국은 자부심을 가질만한 충분한 이유를 가지고 있습니다. 한국은 대단한 활력, 엄청난 회복력, 경이로운 에너지를 가진 나라입니다. 다만 정치 기술이 다소 필요합니다. 그리고 그 정치 기술은 한국인 전체에 확산돼야 합니다. 한국 경제의 미래를 현명하게 다루는 것이 한국 민주주의의 도전이 될 것입니다. 협상해야 할 일부 껄끄러운 절차가 남아있기 때문입니다. 그러나 지난 20년간 한국이 이룩한 성취를 볼 때, 인간 사회가 희망을 가지고 있는 한 이 나라야말로 강력

지난 20년간 한국이 이룩한 성취를 볼 때, 인간 사회가 희망을 가지고 있는 한 이 나라야말로 강력한 희망의 메시지를 가신 국가라 확신합니다.

한 희망의 메시지를 가진 국가라는 점을 믿어 의심치 않습니다.

〈희망의 지구〉 어떤 지구를 만들 것인가, 이것은 우리 모두의 손에 달려있다.

조인원 잘 들었습니다. 두 분 모두 장시간 수고하셨습니다. 우리는 오늘 우리에게 희망을 주는 미래정치에 대한 인식과 전망을 함께 나누었습니다. 우리가 지향해야 할 정치의 방향성은 무엇이고, 또 미래정치가 설정해야 할 가치는 어떤 것인지와 같은 큰 주제를 놓고 대담을 진행했습니다. 짧은 시간에 토론하기에는 좀 광범위하고 포괄적인 주제였던 것 같습니다.

지난 세기를 뒤돌아보고 오늘 우리가 처한 현실을 살펴보면, 생각과 이해관계가 서로 다른 사람들이 더불어 평화롭게 살아간다는 것이 얼마나 힘든 일인지를 새삼 느끼게 됩니다. 앞서 논의했듯이 국가 간 충돌로 사람들이 고통 받고 있습니다. 국가나 사회뿐 아니라 우리 개인의 삶도 같은 선상에서 전개되고 있습니다. 수많은 사람들이 기아와 질병에 시달리고 생명을 잃고 있습니다. 인권을 침해당하고 정체성의 혼란을 겪는 분들도 많습니다. 우리들의 삶과 생존의 기반, 지구 환경도 끊임없이 파괴되고 있습니다. 지구행성의 기후 변화가 심각한 수준입니다.

오늘 이 대화가 좀 더 나은 미래를 열어가는 젊은 정치, 개인과 인류사회의 보다 바람직한 방향을 설정해가는 희망 정치 건설에 조금이나마 기여했으면 하는 바람을 가져봅니다. 정치는 그 방향이 바로 설 때 우리 모두의 '움직이는 희망' 입니다. 그러나 특정 집단의 사익과 편견을 좇는 왜곡된 투쟁과 패권 정치일 경우 사회정의social justice와 지구정의global justice 실현에는 희망이 없습니다. 어떤 정치를 만들어갈 것인

정치는 그 방향이 바로 설 때 우리 모두의 '움직이는 희망' 입니다. 어떤 정치를 만들어갈 것인가, 이 짧지만 중요한 질문의 답은 우리들의 손에 달려있습니다. 우리들의 공감과 합의에 달려있습니다.

가, 이 짧지만 중요한 질문의 답은 우리들의 손에 달려있습니다. 우리들의 공감과 합의에 달려있습니다. 현실 전환에의 의지, 전환을 위한 제휴와 연대, 그리고 이를 가능케 하는 패러다임 혁명과 비전 설정은 오늘 우리들이 살아가고 있는 21세기의 시대적 화두인 것 같습니다. 장시간, 대담에 임해주신 두 분께 감사드립니다.

도판목록

9.11 사태, 국제사회의 미래를 묻다

냉전의 마지막 단면, 북한 핵

여전한 20세기 패러다임, 보혁 갈등

FTA, 한미 양국의 미래를 위한 '끈'

조용한 정치 혁명이 시작되다

시민사회, 좀 더 나은 세상을 개척하는 원동력

미래정치, 새로운 지성을 요구한다

젊은 세대의 목소리

미래를 열어가는 젊은 정치, 희망의 정치

이 책은 경희대학교 미래문명원과 EBS가 공동 기획한 특별대담 "정치의 미래, 그 이상향을 탐색하다"의 내용을 정리한 것이다.

미래문명원
편집부

2006년 11월 5일 방영된 이 대담에는 경희대 미래문명원 명예원장 조인원 박사, 정치이론 분야의 세계적인 석학 영국 케임브리지대학교 존 던 교수, 미국 프린스턴대학교 존 아이켄베리 교수가 참석했다. 조인원 박사의 사회로 진행된 이 대담은 9.11 사태, 북핵 문제, 한미 FTA 문제 등 새 천년 한반도를 둘러싼 국내외 주요 정치현황을 다루며, 세 학자가 서로 다른 시각에서 바라보는 21세기 미래정치의 청사진을 보여준다. 대담 말미에 참여한 경희대 학생들의 질문은 앞으로 새 시대를 이끌어갈 '젊은 정치의식'의 편린을 엿볼 수 있게 한다.

정치의 미래, 그 이상향을 탐색하다

펴낸날 초판 1쇄 인쇄 2008년 12월 24일
초판 1쇄 발행 2008년 12월 31일

지은이 조인원, 존 던, 존 아이켄베리

펴낸이 조인원

펴낸곳 경희대학교 출판국

주소 서울시 동대문구 회기동 1번지 경희대학교
전화 02-961-0106,0107
팩스 02-962-8840
이메일 press@khu.ac.kr
홈페이지 http://www.khup.ac.kr
출판 설립 1960년 09월 16일 제 5-8호
출판 등록 1977년 11월 08일 제 6-5호

디자인 (주)끄레어소시에이츠

ISBN 978-89-8222-347-1 03300